U0153789

閩風拂斜灣，青衿覓陰光

高雄陰廟采風錄

羅景文

國立中山大學「閩南民間文學與文化采風」課程
107 學年度第 2 學期及 108 學年度第 2 學期修課學生
合著

編者序

　　「老師，那個成果冊的出版時間我再幫你延後喔！」文學院的助理這麼說。「老師，請問什麼時候會出版？我很想看到我們的成果冊。」修課的同學這麼問。沒想到這一晃眼，竟然也將近四年過去，不少當時修課的學生都已經畢業了。筆者好幾次和編輯助理吐露心聲，說實在是編的很辛苦，要修訂大學部同學們的十一篇報告，逐一就各篇報告內容、論述方式、句式詞彙等方面進行修改，而且內容要盡可能符合民間文學與民俗學認知與學術研究規範，這簡直比編學術論文集還不容易。除此之外，筆者也得要不斷回顧107-2與108-2兩學期的課程內容，在茫茫記憶之海裡撈起出訪資料、展覽記錄、整理各方媒體報導，再從各種途徑回憶師生互動情形，想辦法為這本成果冊留下更完整的記錄，太多太多的線索需要理清，出版的時間也就一延再延，彷彿走在沒有盡頭的路一樣。這種感覺很像筆者尋訪陰廟的經驗：在巷弄間往來穿梭，卻錯身而過，找不到要探訪的廟宇；在墓園裡迷失方向，差點找不到離開的路徑；在Google Earth裡繞圈迷航，找不到要標註的地點；又像找到了廟，卻始終找不到知曉陰廟故事的講述者。然而，每每要放棄時，猛一抬頭或是轉角偶遇所獲的欣喜，又為疲憊的身軀灌滿能量，就像散工（suànn-kang）後的一杯阿B一樣，得以提振精神、恢復體力。筆者時常思考究竟是什麼原因，不斷引領並支

持我們走在這條追尋的道路上？

2020年1月筆者曾在高雄旗山採訪一間小廟的管理人，將近85歲的管理人帶著他的太太一起來到廟裡接受筆者的訪問，筆者按例請教老伯關於神明的事蹟與小廟的沿革。儘管老伯講述的內容有些破碎，但可以看得出來他很努力地回憶他所知道的一切，而且他還得要提高音量，來對抗公路旁不斷呼嘯而過的車輛聲。我曾問他廟裡會有其他人來幫忙嗎？他說目前只有他一人，每天會帶著太太一起來給神明上香、打掃一下小廟。我笑著說您們感情真好。他說因為太太失智了，不帶著她怕她會亂跑。當下，我的眼裡映著他太太無神的表情，耳裡只剩川流不息的車聲，這世界彷彿只剩沉默的時間在流動著，筆者趕緊用其他話題來掩去自己的唐突。後來，老伯還是有問必答，大概是已經原諒筆者的魯莽吧！記得筆者起身準備離開的時候，老伯不斷感謝筆者記錄這些故事，這些可能是他很久沒詳細說的故事。大概一兩個星期之後，旗山某位臉友告訴筆者，這位老伯在跟這位臉友偶遇的狀況下，向臉友提及筆者曾到廟裡採訪他這件事，看得出來老伯的念念不忘。

人說念念不忘，必有迴響。年事已高的老伯能否找到願意管理廟務、傳承記憶的接班人？一切仍在未定之天，這或許需要特殊的機緣。但也是這份相遇的緣分，讓筆者得以聆聽神蹟與老伯的生命故事。在當下，筆者不僅感受到老伯對陌生者交淺言深的熱情，更在講述與聆聽之間，體會到我們是在做同一件事：我們正在一起抵抗記憶的消失。這些陰神多是犧牲於民變或族群互動，而日後受人祭祀的本土神明，祂們的故事銘刻著地方開拓與發展的歷史痕跡。但在諸多內外緣因素的影

響之下，陰廟陰神敘事的記錄與傳承本就不易，甚至有人不願回想、不欲討論，因此祂們的故事極易在歷史的長流中湮沒消失。我們的努力就是希望祂們的故事不被遺忘，一旦被人們的記憶所遺忘，人們不知所拜者為誰，為何而拜時，那將是真正的死亡！老伯應該也是想到這點，毫無保留地向筆者訴說他所知道的一切，因為只要故事能將傳承下去，就能抵抗記憶的消失。這樣的自我提醒，不只迴盪在筆者腦海之中，也是許多修課學生的真實感受，他們發現陰廟陰神原來有那麼多值得發掘的故事，雖然這些故事正快速地消逝，但只要能多一些記錄，便能多一份被人們記得的機會，這正是支撐我們繼續走下去的原動力。雖然尋找與記錄故事的過程並不完全順利，但只要是踏在自己的土地上，就能在穩當而紮實地步伐裡，一步一步看到臺灣土地與人情之美。

　　這一本書正是我們抵抗記憶消失的記錄，在此要感謝許多熱情協助我們的團體和長輩朋友。首先要感謝本書中各廟宇及相關執事人員無私地提供資料、熱情地講述故事，甚至允許我們再三打擾。筆者和修課學生每每在濃厚的人情味裡，感受到這份心意，讓我們想用這些在地信仰的記錄好好來回饋這片土地。限於篇幅，筆者無法逐一表達感謝，但一定要向諸位執事人員再三致意，謝謝您們成為我們撰寫此書重要且堅強的後盾。非常感謝國立中山大學校友服務暨社會責任中心和社會實踐組吳涵瑜組長的大力支持，以及社會系專案經理張淑雯小姐的協助，不僅為兩學期的課程提供資源，更提供本書及陰廟桌遊（本課程另一成果）之印製經費，使兩項成果得以順利出版發行，讓夢想有實踐的機會，能與社會實踐組（原社會實踐與發展研究中

心）、USR「城市是一座故事館」計畫、USC「城市是一座共事館」計畫合作，一起為高雄「故事」而「共事」，創造「共識」，真的是我們的榮幸。感謝國立中山大學文學院的支持，讓我們在課務上有較為充裕的經費可以執行，甚至讓越南行美夢成真，促成臺越雙邊的教學合作。感謝教育部教學實踐研究計畫提供經費，讓我們在108-2的課程有更多的教學嘗試與實踐經驗。也要同時感謝《沿岸‧地景》的製作團隊，楊婉儀老師、杜佳倫老師、吳孟謙老師、許仁豪老師、何怡璉老師、楊雅雲秘書、楊媛淳助理、李杰恩先生、楊祥鞍先生，和夥伴們一起工作，才知道策展的累人卻又迷人之處，更重要的是一起打拼的情誼。

　　學生是課程和學習活動的主角，有他們在「閩南民間文學與文化采風」課程裡努力的採訪記錄，才有這十一篇精彩的成果，還記得我們一起為田野調查而苦惱，為期末成果展而忙碌，為越南胡志明市的活動而爆肝。總是為你們擔心，最後卻又為你們的成果而喝采。也要謝謝你們暖心的回饋，為這兩學期的課程和師生互動留下十分難忘的回憶。筆者藉此機會向各位修課同學表達感謝。107-2學期的修課同學：朱詠瑜、呂沛慈、李世傑、李靜柔、周家豪、林佳宜、林孟儒、林承翰、林宥承、林航羽、林嘉和、徐紹瑋、張絜、梁竣雅、莊淑媄、郭宇珊、郭艾伶、郭貝琪、陳志弘、陳怡君、陳品蓁、楊文淵、楊嘉琳、葉家良、趙姿婷、劉宜蓁、劉晉廷、潘冠縈、蘇意心、鐘晟齊、龔婕瑜。108-2學期的修課同學有：王玟心、田浩旭、江妤芊、吳承瑾、林易甫、林玟慧、林昱婷、洪國靖、張絜貽、張嘉和、許育寧、許雅婷、陳立均、陳美廷、陳蔚、黃仲緯、黃宥鈞、黃映潔、黃紹展、黃斐、楊詠丞、葉家好、廖彥柔、臧

紫涵、趙彥瑋、蔡宗豪、賴冠志、謝佳純、謝武錡。（依照姓名筆劃順序排列）

令人難忘的越南行，要特別感謝胡志明市國家大學下屬社會科學暨人文大學東方學系教師阮黃燕（Nguyễn Hoàng Yến）老師（時任中山大學文學院客座助理教授）的協助，為我們聯繫越方師長、安排行程、提供翻譯，甚至還帶我們去品嚐美食（這很重要），實在是勞苦功高。同時感謝社會科學暨人文大學文學系黎光長（Lê Quang Trường）主任、胡慶雲（Hồ Khánh Vân）副主任；越南學系段黎江（Đoàn Lê Giang）主任；文化學系黎氏玉蝶（Lê Thị Ngọc Điệp tặng）主任、陳福慧光（Trần Phú Huệ Quang）副主任、潘英秀（Phan Anh Tú）副主任，以及文學系漢喃組的同學們。也要謝謝胡志明市華人文化研究者劉金鐘（Lưu Kim Chung）先生帶我們認識當地華人文化。感謝諸位越南師長、朋友的熱情招待和細心安排，讓我們在這次的跨國教學活動裡，獲得遠遠超乎我們預期的成果，這是一趟豐碩又令人感動的旅程。

感謝屏東大學中國語文學系黃文車主任，以及鹽鄉文史工作室許献平老師的費心審查。在此也要感謝高雄苓雅聖公媽廟李文振主委、呂建利常委、鄭建雄常委，以及鼓山靈興殿十八王公廟曾寶隨主委、林台福總幹事、洪麗娟女士、方再麗女士，感謝兩廟執事人員熱情地支持課程，慨允廟宇作為課程田野調查的示範場地，並在後續提供許多的協助和關心。同時感謝臉書社團「得其所乎（有應公社）」，裡面有許多探尋與研究有應公廟的高手，提供非常寶貴的資料，筆者總是受益良多。

最後特別感謝辛苦投入的教學助理（TA）和編輯團隊，這兩學期課程的 TA 分別是鍾燕雪小姐和高偉哲先生，恰好編輯團

隊也是由我們這幾位成員所組成。燕雪做事認真謹慎，總是有條不紊地完成任務，在越南行時幫我們打點許多庶務，更在期中、期末為學弟妹們加油打氣，是學弟妹們眼中的暖心學姐。學期結束之後，燕雪也協助滙整課程成果與蒐集107-2學期課程的七篇報告。108-2學期課程則由偉哲接手，偉哲身兼數職，又是TA又是RA（研究助理），不僅要協助教學，滙整108-2學期的課程成果和四篇報告，也要幫忙田野調查，籌辦各種工作坊，甚至是協助本書的編輯和校對。無怪乎學弟妹稱他為本研究室的「總幹事」，這一點也不為過，而本書書名中的「青衿覓陰光」亦出自偉哲的巧思。編輯工作相當瑣碎而忙碌，內容上必須糾誤補闕，使之符合學術規範；形式上必須符合撰寫格式和編輯規範，這兩項工作都耗去我們大量的時間。在此感謝陳琪璇小姐、郭映容小姐、周家豪先生和梁竣雅先生在編校過程中所提供的協助，以及美圖印刷設計公司劉建呈先生和仲雅筠小姐的專業美編印刷。在大家的努力之下，我們終於完成編輯，找到出口的那道光了。

　　這本《閩風拂斜灣，青衿覓陰光──高雄陰廟采風錄》不僅僅是民間信仰的記錄，更是我們追尋在地歷史及文化的起點，我們將持續發掘、關注更多的廟宇和神明故事。真心感謝各方神靈的庇佑，以及一路上幫助我們的各位長輩和朋友。這趟探索的旅程，正因為有您們一起投入的心力，更顯得意義不凡。是為序。

民國112年歲次癸卯初夏
謹誌於西灣海天一色樓

目錄

序曲
尋見陰光的可能

羅景文

　　本土語言及文化的快速流逝，常讓人感到憂心。為此，中山大學中文系以臺灣閩南語為出發點，規劃一系列書寫應用與創作課程，希望帶動臺灣閩南語與閩南文化的語文能量與活力。筆者所開設之「閩南民間文學與文化采風」（課號：GEAI1788，以下簡稱「本課程」）的課程目標，希望學生能實際運用臺灣閩南語的音字書寫來採錄、整理臺灣民間文化及文學，對於臺灣閩南文化與庶民思維，有更廣博的接觸與認識，並藉以實地觀察、親近在地民間文化，為在地民間文化與文學的承續盡一份心力。本課程於107、108學年度之第2學期開設，這兩學期課程以高雄陰廟（有應公、厲祠）信仰為教學主題，藉此讓學生觀察、記錄陰聲暗影下的城市紋理、社區記憶、神（鬼）人互動。

　　這本《閩風拂斜灣，青衿覓陰光——高雄陰廟采風錄》（以下簡稱「本書」）即是記錄這兩個學期師生一同記錄觀察、感受親近在地文化，試圖活化轉譯的成果冊。本書第一部分將依序介紹「閩南民間文學與文化采風」課程執行方式、期末專題發表會概況，以及學生發表之專題報告大要。第二部分即為107、108學年度兩個學期學生之專題報告內容，在成果發表會之後，歷經多次修改後收錄於此成果冊中。第三部分為本課程師生於107-2學期前往越南胡志明市，與胡志明市國家大學下屬社會科學暨人文大學文學系、文化學系、越南學系一同進行華人文化工作坊之活動紀錄，以及與本課程相關之媒體報導和相關推廣活動。以下先就「閩南民間文學與文化采風」之執行方式與課程成果進行說明。

一、閩南風起：以陰廟為課程主題的動機和執行方式

　　陰廟是指祭祀無主骨骸與孤魂幽屬的廟宇，主要的型制為三片壁式的小祠小廟，民間多稱其為有應公廟、萬應公廟、萬姓公廟、百姓公廟、萬善爺廟等等名稱，學界亦有稱之為「無祀祠」者[1]。某些陰廟在設祠之初，便未有骸骨，而是以魂靈的方式祭祀。另外，有部分陰廟隨著日後的發展，可能只剩牌位、神像，骸骨已遷往他方。上述這兩類未見骸骨者的廟宇，亦是本課程「陰廟」一詞所指涉的對象。另一種是後來轉型為陽廟的陰廟，雖然已完成轉型，仍可以從某些跡象觀察出來祂有著陰神陰廟的過去，這類廟宇及其轉變歷程也是本課程所關注的對象。

　　筆者選擇陰廟作為課程主題的動機，主要是來自於筆者進行田野調查時的親身經驗。筆者在進行民間信仰敘事記錄時，有時會接觸到陰廟或陰神。筆者在採訪時發現很多人對於祂們的歷史，往往語焉不詳，即便是管理者亦然，在幾代人未曾留意的管理之下，關於陰廟陰神的各種事蹟便逐漸湮沒於歷史的洪流之中。有意思的是，身置陰廟脈絡之局內人（insider）與局外者（outsider）對於陰廟陰神常有截然不同的態度。陰廟相對於地方大廟，因非主流而少了很多被親近的機會，又因其生命的異常狀態讓人感到恐懼，人們對祂們的陌生更容易導致誤解，或陷入以訛傳訛的恐怖想像之中。無怪乎，陰廟被視為城市裡

1　如陳緯華：〈孤魂的在地化：有應公廟與臺灣社會地緣意識之轉變〉一文，《民俗曲藝》第183期（2014年3月），頁1-86。由於他探討的是有應公廟於清治時期到日治時期的轉化，而「有應」詞彙這個是日治時期才出現的，因此，他以「無祀祠」來指稱他的研究對象，並強調無祀祠中的孤魂有骨骸需要安置，而且是以一種集體的方式存在。

的陰暗存在，偏偏祂們又是街頭巷尾、山巔海濱常見之一景，就像中山大學周遭便有不少座陰廟（如下圖1黃色地標處），甚至有一座相當知名的陰廟（廟墓合一）就座落校園之中，廟雖已遷離校園，卻近在咫尺，而其墓塋仍靜靜守候著西子灣的海天一色。筆者心想校園週遭有這麼充沛的在地資源，何不帶領學生直接認識陰廟陰神，增進對此民間信仰的理解。再加上，高雄38個行政區，即有34個行政區，共有330座以上的陰廟或與陰廟相關的廟宇（截至2022年12月為止），這些陰廟所銘記的死難記憶，牽繫著高雄之地理環境、城市特質、開發歷史、政權遞嬗、族群互動、集體記憶的面貌和軌跡，值得師生一同探索這豐富的在地文化和資源。

陰廟多半是令人感到恐懼的存在，大多數學生亦有相同感受，但對此未知領域卻頗感興趣。不過，學生們的先前知識與前理解往往不足，有時在活動中會輕率而行。因此，筆者在課

圖1 中山大學周遭相關陰廟（黃色標記處）位置圖

程的安排與學習活動規劃上，以期中考為分水嶺，前半為課程
重要概念及田野調查須知說明，後半則為田野調查與專題成果
實作，主要可以分為以下專題：（1）「厲」、「厲壇」與陰廟的定
義、形態和發展階段；（2）走進田野的準備，說明田野調查的
基本觀念、實務技巧、編輯整理、倫理問題；（3）進入陰廟前
的準備和禁忌；（4）教師進行田野示範；（5）學生實際田野調
查；（6）民間信仰陰廟期中和期末專題製作，讓各組同學選擇
至少三間陰廟為討論對象，進行田野調查，並嘗試製作專題，
以解決在田野調查中遭遇的狀況（可參考下表十八週課程大綱，
以 108-2 學期為例）。除此之外，本課程 107-2 學期（2019 年）5
月 5-10 日前往越南胡志明市，與胡志明市國家大學下屬社會
科學暨人文大學文學系、文化學系、越南學系進行交流或共同
授課，一同探訪越南胡志明市華人及會館文化（活動行程詳下
文），不僅有助於師生認識、理解海外華人及閩南文化在越南胡
志明市的發展情況，也有助開啟兩校交流合作的新模式。

表1 108-2 學期「閩南民間文學與文化采風」18 週課程內容

週次	課程主題	內容說明
1	準備週	課程內容與評分標準說明
2	何謂民間文學	民間文學的概念與特性，及其與其他學科的異同和互涉
3	鬼有所歸、乃不為厲	「厲」、「厲壇」與陰廟的定義
4	何謂陰廟	陰廟的建置、型制、發展階段和形態
5	走進田野的準備（1）	田野調查的基本觀念和倫理問題
6	走進田野的準備（2）	田野調查的實務技巧

7	走進田野的準備（3）	田野調查後的編輯整理
8	心存敬慎	面對陰廟前的準備和禁忌
9	期中考週	
10	以身為範	師生至代天宮、靈興殿十八王公廟，進行教師田調示範
11	他山之石	許献平老師主講：「有應公廟採訪紀實及創作書寫工作坊」
12	期中專題擬定	各組選定對象（至少3間陰廟），進行期中專題製作（擬定記錄表及訪問題綱）
13	進入田野（1）	田野調查活動
14	進入田野（2）	田野調查活動
15	修正與調整	整理田調記錄，審視專題報告與執行過程之落差，並尋求解決辦法
16	進入田野（3）	田野調查活動
17	修正與調整──介紹故事地圖協作平台	「社區故事地圖協作平台」，成果分享會前討論
18	高雄的陰聲暗影	陰廟田野調查成果及專題分享會

二、閩風拂過：「閩南民間文學與文化采風」課程活動及成果

　　本課程的主題為高雄陰廟，但光是「陰廟不陰」這樣的敘述，就有很多要討論的層次。究竟什麼是陰神陰廟？陰神陰廟為何出現？祂們的生命故事是什麼？有沒有什麼判斷的依據？為什麼陰廟就陰？陰廟為何可以「不陰」？如何讓「陰廟不陰」？「不陰」是指人的心態，還是神與廟的狀態，兩者之間有沒有不

同層次的差別？過去是陰神陰廟，那未來還是陰神陰廟嗎？為
了尋求這些問題的解答和日後田野調查工作的順利，我們師生
在課程裡花了不少時間討論陰廟的定義、性質與型態，說明田
野調查、進出廟宇的原則和方法，介紹在田野調查時可資運用
的數位工具，並邀請善於陰廟調查及研究的資深前輩——鹽鄉
文史工作室負責人許献平老師來現身說法。以下將就邀請專家
演講、教師田調及專題示範、學生專題成果發表會三類成果逐
一說明。

（一）專家現身說法：許献平老師的神鬼記錄及小說創作

　　許献平老師為臺灣重要且資深的有應公廟（陰廟）調查及
研究者，他曾針對臺南大北門地區（鹽分地帶）進行廣泛的有應
公調查，陸續出版《七股鄉有應公廟採訪錄》、《佳里鎮有應公
廟採訪錄》、《將軍鄉有應公廟採訪錄》、《學甲鎮有應公廟採訪
錄》、《臺南市鹽分地帶有應公信仰研究》、《臺南市北門區有應
公廟採訪錄》、《臺南市西港區有應公廟採訪錄》。在鹽分地帶之
外，他又擴展至關廟及歸仁地區，出版了《臺南市關廟區有應公
廟採訪錄》、《臺南市歸仁區有應公廟採訪錄》，而且著有多篇研
究論文，經驗相當豐富。[2] 本課程於 107-2 學期、108-2 學期均邀

2　《七股鄉有應公廟採訪錄》（臺南：鹽鄉文史工作室，2004 年）、《佳里鎮有
　　應公廟採訪錄》（臺南：臺南縣政府，2006 年 10 月）、《將軍鄉有應公廟採
　　訪錄》（臺南：臺南縣政府，2006 年 10 月）、《學甲鎮有應公廟採訪錄》（臺
　　南：臺南縣政府，2006 年 10 月）、《臺南市鹽分地帶有應公信仰研究》（臺
　　南：鹽鄉文史工作室，2012 年）、《臺南市北門區有應公廟採訪錄》（臺南：
　　鹽鄉文史工作室，2013 年 12 月）、《臺南市西港區有應公廟採訪錄》（臺南：
　　鹽鄉文史工作室，2018 年 11 月）、《臺南市關廟區有應公廟採訪錄》（臺南：

請許献平老師蒞臨演講，請他分享豐富的田調經驗與有應公相關知識，第一次演講「有求必應，有應公的前世今生」（2019年6月4日），第二次演講「神鬼行者記鬼神：有應公廟採訪紀實及創作書寫工作坊」（2020年4月28日）。

圖2 許献平老師演講海報1

許献平老師在第一次演講先從鬼的分類開始講起，鬼分成兩類：一是有緣鬼魂，得到子孫祭祀的祖靈「善鬼」；一是無緣鬼魂，即未得子孫祭祀的厲鬼「惡鬼」。有應公多屬後者，也就是大眾所說的「孤魂野鬼」。另外還有「早夭未婚女性」，在華人文化與信仰中，祂們無法進「公媽龕」成為祖先，也無法享後代血食供奉，遊魂無歸宿，勢必成為厲鬼，最常見的解決辦法，便是大家熟知的「冥婚」，或者將其神主請進「姑娘廟」，同享人間煙火。在了解有應公的定義後，讓人不禁好奇有應公廟

鹽鄉文史工作室，2019年11月）、《臺南市歸仁區有應公廟採訪錄》（臺南：鹽鄉文史工作室，2022年9月）。

許献平多篇關於臺南有應公廟的論文，如〈臺南縣北門區「有應公」的分類研究〉，《南瀛文獻》第7期（2008年11月），頁94-125、〈臺南縣北門區「有應公廟」的主祀神明之研究〉，《南瀛文獻》第9期（2010年10月），頁160-193、〈重返南科13座有應公廟歷史現場〉，《臺南文獻》創刊號（2012年7月），頁117-129、〈南鯤鯓萬善爺囝仔公的神格淺探〉，《臺南文獻》第7輯（2015年7月），頁28-47、〈關廟有應公信仰及其特色〉，《臺南文獻》第14輯（2018年10月），頁180-203。

的建立原因，献平老師解釋：鄭氏之後，臺灣是個移墾社會，移民主要來自中國閩、粵，橫渡黑水溝極度凶險，從俗諺「六死三留一回頭」或「唐山過臺灣，心肝結歸丸」等語，就可以看出其危險性。當時人們除了因渡海死傷之外，還面臨了開關時的艱辛，天災、疾病、民變、械鬥等問題侵擾，造成嚴重的生命財產威脅，也讓「無所歸」的「孤魂野鬼」不斷攀升，為安撫幽屬，屬祠小廟遂相應而生。

田調經驗豐富的献平老師，也在講座中分享他的特殊經驗：例如他曾經在調查過程中身體不適，後來買了些糖果銀紙敬奉有應公、忽然就不藥而癒；或是在嘉義縣鹿草「余慈爺公」小祠，第一次看到堪比古代「十里紅妝」的大場面，一條道路兩旁延綿不斷的布袋戲戲棚，竟有三、四百棚，令人嘆為觀止。献平老師在講座最後也鼓勵學生，一起加入有應公的研究，並且不吝提供許多議題給學生們參考，像是：臺灣的姑娘廟、外

圖3 許献平老師分享田調經驗

圖4 許献平老師與聽講師生合影

國人有應公廟、臺灣民變有應公廟、抗日祠廟、動物類有應公廟等，都是值得開發研究的有趣議題，希望能有更多新血加入田調的行列。

　　睽違一年，本課程再次邀請許献平老師蒞臨演講：「神鬼行者記鬼神：有應公廟採訪紀實及創作書寫工作坊」。一方面想延續老師前一次演講介紹他調查有應公信仰和撰寫相關文史出版品的經驗；另一方面是希望老師能分享這兩三年來運用民間信仰元素，尤其是用有應公信仰元素來創作文學小說的心路歷程。除了陰神身份、成神方式、陰廟建廟沿革、廟中器物型制、陰廟轉升陽廟之跡等文史考證與田野調查成果之外，筆者更期待同學們能轉化陰廟與在地元素，形成創新專題。而許老師以有應公為素材，甚至是小說主角的創作，正是最好的例證。從許老師真誠地分享裡，我們能看到創作小說從來就不是一件簡單的事，不僅需要素材的積累、細膩的觀察、自律的態

圖 5 許獻平老師演講海報 2

圖 6 許獻平老師分享家鄉的有應公廟及投身調查的歷程

圖7 許献平老師與筆者合影

度、規律的寫作，同時寓含人文關懷與人道精神上的高度，重要的是運用文學筆法，在場景、人物、主題、時序時距、敘事觀點及人物視角上不斷斟酌省思，將田調所得的內容重新有機化地重組，淬煉出更具典型性的人物和引人深思的主題，究竟信仰的憑依到底是什麼？是「金身」、「神位」，還是虔誠的心？放下對兇手及後代的仇怨，不也是釋放有應公自我禁錮的靈魂──釋冤也釋怨？

（二）以身為範：教師田調及專題示範

　　學生學習這些田調知識之後，要如何實際運用於田野調查呢？筆者嘗試帶領同學進入田調場域，以親身示範、從旁協助等方式，希望能讓學生運用所學，親自進行一場與在地信仰文化的對話，107-2 學期與 108-2 學期各舉行一次田調示範。在課程田調示範那一天，筆者先帶著同學們到哈瑪星代天宮五府千歲「拜碼頭」，向中山大學所在地之境主神祈福，希望師生田調

的過程一切順利。筆者也藉此提醒同學前往陰廟調查前後,都可以到居住處所附近的公廟祈福,以保佑出行順利。

107-2 學期與我們課程合作的廟宇是高雄市苓雅區的聖公媽廟,該廟靈驗事蹟頗多。根據該廟碑記所載,早年閩粵移民渡臺拓荒,舉目無親客死異鄉者不在少數,善心人士出於憐憫撫慰之心,便收埋屍骨為之建祠,每到夜間該墓地就發出燐光,宛如燈塔光芒,照引海上船隻順利歸航。此後,附近漁民出海作業前,都會到這座墓前祭拜祈求平安。小祠雖地處低窪地,即使大水侵襲廟中也從來不進水,信徒咸信廟中神明威力無邊,香火逐漸鼎盛。另有日本巡佐因禁止萬應公廟酬神而遭遇怪事,事後向聖公媽致歉,並批准演戲酬神,才告化解的傳說。聖公媽誕辰為農曆 8 月 9 日,上演多至數十台的野台戲,香火相當鼎盛。據說 1973 年當地信眾以廟宇年代已久,且格局狹隘,計劃拆除舊廟重新建廟,但每逢進行拆除工作時就發生不可思議情事,信眾頓悟神示,舊廟乃吉穴聖地,拆除不得,於是在其外圍加蓋四、五層樓高的新殿,「廟中廟」為聖公媽廟的重要特色。[3] 2019 年 4 月 23 日我們前往田調,針對聖公媽廟的沿革、建築形式、重要文物文獻、祭拜流程、神格變化提出不少問題,得到管理委員會李文振主委、呂建利常委的熱情接待與詳細解說。同學們積極地觀察和提問,也從觀摩師長與執事人員的問答中得到經驗和省思。

108-2 學期筆者選擇高雄市鼓山區的哨船頭靈興殿十八王公廟作為田野調查示範點,及與課程合作之場域。十八王公廟因

3　孫松榮(時任萬應公廟主任委員):〈苓雅寮萬應公廟碑記〉,2000 年 6 月 20 日置。

圖8-9 李文振主委、呂建利常委
解說聖公媽廟沿革及建築特色

圖10 全體師生與李文振主委、呂建利常委合影

陰神死難而建廟，符合陰廟的定義，然因神蹟屢現，又主祀玄天上帝，而轉型成陽廟，成為鼓山地區重要廟宇之一。其次，十八王公廟是鼓山地區最接近中山大學的廟宇，原址亦在中山大學之內，其遷建過程也與中山大學有著極為密切的關係，雙方素有情誼，互動長久。再次，是筆者想要藉由十八王公廟來示範如何透過地理資訊資料、地籍資料、公文檔案、以及網路媒體和社群，來發掘一座廟宇的前世今生，以及廟宇與學校、社區，乃至於大學生的互動，希望藉此釐清一些誤解（陰廟、情侶分手廟），來增加同學們對十八王公廟的理解。因此，筆者與十八王公廟進行合作，於2020年5月12日以該廟為例，舉行教師田野調查及專題示範。邀請廟中的活字典洪麗娟大姐來跟同學們分享她的見聞，她於民國63-87年（1974-1998）服務於廟中，擔任會計，離開後與十八王公廟仍保持密切聯繫，

圖11　全體師生至十八王公廟參拜

圖12　筆者進行十王公廟專題報告

圖13　洪麗娟女士分享昔日工作情形

圖14　全體師生與洪麗娟女士合影

因此見證廟中許多變化，也曾到剛創校不久的中山大學總務處繳過水電費。正因為她的指引，筆者找到中山大學第二任趙金祁（1930-2016）校長所獻之匾，也與廟方一同尋得重要的昔日照片。順著這樣的好機緣，雙方再於6月23日共同舉行「高雄廟宇信仰采風・創生記」成果發表會，下文將詳述成果發表會情形。

　　為使學生田調及製作專題順利，筆者在相關田調工具的提供和協助上，有民間文學田野調查記錄表、受訪者授權同意書、感謝狀、廟宇記錄表、以及供學生參考之訪問題綱，希望能取信訪談對象如耆老或廟方人員，使訪談順利。除此之外，本課程也相當重視數位工具及互動社群媒體的運用（如Google Earth & Map、QGIS、中央研究院人文社會科學研究中心地理資訊科學研究專題中心「社區故事地圖協作平台」、台灣大地羅盤APP、保存位置APP、台灣百年歷史地圖APP、Facebook、Google 表單），一方面增加課程之活潑性與樂趣，來提升學生學習熱情，另一方面也強化師生運用數位工具如地理資訊系統之能力，以因應未來數位時代之所需。

（三）明察暗訪，匯聚成流：專題成果發表會

　　本課程以高雄陰廟（有應公）信仰為教學主題，藉此讓學生觀察、記錄陰聲暗影下的城市紋理、社區記憶、神（鬼）人互動。課中除了教授學生相關知識與技巧之外，也讓學生親自走訪高雄地區的陰廟，進行田野調查，以深入在地，體驗廟宇文化。本課程學生均經歷了三次以上的田野調查，並經過數次調整修正，於107-2、108-2 學期末舉行學生專題成果發表會。

　　在兩次專題成果發表會裡，同學們分享著田野調查過程中

圖 15-16　107-2、108-2 學期「閩南民間文學與文化采風」課程成果發表會海報

的酸甜苦辣：有人很快很幸運地遇到關鍵人物帶領，有人多次尋覓終於找到解答，但也有人艱辛無功而返，充分表現出田調的不確定性。學生們紛紛表示：雖然很多狀況無法預期，但在遇到困難時，會運用在課堂中所學的經驗，或者和老師討論解決方法，讓課堂知識與田野經驗相互印證，收穫良多。

　　學生除了在成果發表會裡報告田野調查的心路歷程之外，另一重點就是他們如何進入社區記錄、分析陰廟信仰的樣態，並嘗試將其對於陰廟對象、敘事文本、地方文化的理解，轉化為可知可感的具體成品或專題報告，若是能活用陰廟元素來進行新創嘗試，則是筆者最期待的目標。歷經107-2、108-2 兩學期的教學活動，學生所提出的專題成果可以分為兩類：一是記錄與分析陰廟發展歷程的專題報告，二是運用陰廟元素進行文創表現。107-2 學期的課程成果以前者為主。學生透過不同路

線和廟宇，以及田調現場各式各樣不同的狀況，來進行主題式
的比較，如廟宇現況、神格提升（陰神轉陽神）、陰神成因（如
水流屍）、後天成神狀態、傳說故事的保存與消逝、人們眼中的
陰神觀等等。就筆者自身的觀察，學生在報告裡或多或少都會
探討到陰廟發展的動態歷程，此動態歷程往往是祭祀形態的改

圖17 眾人聆聽發表成果

圖18 師生合影留念

圖19-20 修課學生分享田調成果

圖21 羅景文老師講評各組報告內容

圖22 杜佳倫老師到場講評

變、群眾信仰意識的提升、高位階神明認可、創造像正神般的來歷和神蹟，或是自外部迎入正神另為廟宇主神（像靈興殿十八王公廟）等幾個因素的合力推動，原本陰廟屬性很有可能會發生改變，逐步轉升為陽廟。但筆者要再次強調的是，陰廟陽廟的判別標準並不是單一而固定的，不同標準之間是一道可移動的光譜，陰廟可能是祂的過去與現在，但不一定是祂的未來。反之，我們也能從某些陽廟的「現在」，找到祂曾為陰廟的「過去」。民間信仰是動態變化和展現的過程，很難有一套絕對的標準。像這類報告方式需要比較細膩的文史考察來支撐，這也是學生在進行專題成果報告時最需要克服之處。

108-2 學期則在前一年的經驗和教學實踐研究計畫經費的支持之下，有更多團隊願意轉譯陰廟元素進行創意實踐，運用較新穎活潑的方式，來進行後續的文化創意嘗試。這種做法雖然也需要田野調查，但重點在於後續的活化、加值與應用等方面。雖然說學生們領略程度有別、團隊狀況不一，但都盡可能在時限內做出成品。或許有些稚嫩，離心目中的那種完成狀態還有些差距。但當我們看到學生運用 IG 平台（Instagram）製作圖文式角色扮演遊戲（Role-playing game，簡稱 RPG），以及攝

圖23-24　「高雄廟宇信仰采風・創生記」成果發表會場景

圖25 林台福總幹事蒞臨致詞　　　圖26 前會計洪麗娟女士蒞臨

圖27-28 發表會中學生陰廟桌遊及繪本成果

圖29-30 學生觀摩他組成果並提問互動之情形

影集、漫畫繪本、桌遊、有聲書（廣播劇）等多元形式來記錄，甚至是續寫這些先民的故事，這不禁讓人驚訝於學生們的強大創意，展現了他們對於高雄陰廟信仰不同層面的觀察、理解與體會，各有各的精采與巧思。其中陰廟桌遊最引人注目，目前市面上尚未有相關主題的桌遊，筆者期待該團隊後續有具體的成果可以面世。筆者更期許同學們在選修這堂課後，能敞開胸

圖31-32 師生與廟方人員合影

懷去面對這群開墾土
地的可敬先民，那麼
陰廟也不再是那麼陰
森恐怖的存在。

三、《閩風拂斜灣，青衿覓陰光：高雄陰廟采風錄》各篇
　　內容摘述

　　前文提及107-2及108-2學期期末均有專題成果發表會，讓
學生們在會中報告田野調查心得，以及他們針對所探訪之陰廟
對象，尋找共同主題，所形成的專題報告或文創嘗試，學生們
報告的類型可分兩類：一類是記錄與分析陰廟發展歷程的專題

報告，二是運用陰廟元素進行文創表現。亦如筆者前文所述，107-2 學期的專題成果以前者為主，而 108-2 學期的專題成果則是在田野調查的基礎上，有更多的文化創意嘗試。107-2 學期的專題成果共有 7 組收入本書，108-2 學期的專題成果亦有 4 組收入本書。筆者在此以表 2 及表 3 概述各組之專題成果，相關內容詳見以下兩表：

表2 107-2 學期「閩南民間文學與文化采風」學生提案名稱及內容

組序	提案名稱	小組成員系所	專題報告內容簡述
1	被水吞噬的名字：以紅毛港、旗津兩地討海人供奉的枯骨為例	周家豪（中文系） 林宥承（中文系） 張　絜（中文系） 楊嘉琳（中文系） 蘇意心（中文系）	介紹紅毛港、旗津兩地漁民所奉祀之陰廟，如紅毛港保安堂與聖堂廟海聖公（已遷至鳳山）、旗津水府進興公祠等神祇獲得奉祀之緣由和轉型成陽廟的過程，可以發現人們對於祂們的態度，以及彼此之間的互動是頗具有人情味，而非完全恐懼害怕。
2	近代成神：神格抬升的歷程	呂沛慈（社會系） 梁竣雅（社會系） 葉家良（社會系） 鐘晟齊（海資系）	採訪三間都是「近代成神，從陰神轉陽神」的廟宇，如前鎮明正堂和慈正宮，以及旗津的慈賢宮，觀察這三間廟宇從陰廟轉陽廟的契機，以及神明「保舉」在其間所發揮的作用。
3	不起眼的鄰居：二位元帥、萬應公、蔡應公的故事	朱詠瑜（社會系） 徐紹瑋（中文系） 郭艾伶（社會系） 陳志弘（社會系） 陳怡君（社會系）	介紹鼓山哨船頭二位元帥祠、旗津大汕頭萬應公祠與祭應公祠，這三間小祠都曾經遷廟，香火也受到遷廟不少影響。組員也進一步思考祂們在當地居民眼中的定位，是否必要轉型成陽廟。
4	初訪那些存在的延續[4]	李世傑（中文系） 趙姿婷（中文系） 陳品蓁（中文系） 郭宇珊（中文系）	採訪鼓山十八王公廟與龍聖宮黃正公、前鎮慈善宮與量嬸婆祠四間廟宇，進行各廟比較，並就轉型陰廟之動機和過程進行討論。

5	我們眼中的陰神[5]	林孟儒（資管系）林航羽（劇藝系）楊文淵（資管系）劉宜蓁（劇藝系）	介紹旗津頂仔廟萬應公廟、八德公廟、水三娘祠等三間廟宇的現存狀況，觀察陰神轉型的指標，也發現陰廟歷史流逝速度頗快，需要積極保存。
6	我與陰廟的超時空對話[6]	李靜柔（中文系）林佳宜（中文系）林嘉和（中文系）潘冠縈（中文系）龔婕瑜（中文系）	探訪鼓山聖公媽廟、旗津三聖公廟與綠公祠，此三間廟宇都與高雄都市化歷程或工業發展有關係，在鍥而不舍地追查之下，組員終於掌握相關線索。
7	從祭祀對象看廟宇現況[7]	林承翰（中文系）莊淑媄（海科系）郭貝琪（資管系）劉晉廷（政經系）	介紹林園北極殿靈聖堂、紅毛港正軍堂（已遷至鳳山）、哨船頭萬應公廟等三間廟宇之歷史沿革和現況，並比較三廟在成神原因與信仰模式上的差異。

表3 108-2學期「閩南民間文學與文化采風」學生提案名稱及內容

組序	提案名稱	小組成員系所	專題報告內容簡述
1	圖文式RPG[8]	王玟心（中文系）吳承瑾（中文系）黃　斐（中文系）葉家妤（資管系）	以王曾公廟及鳳邑坤帝公作為田野調查對象，將採訪的故事結合Instagram，以圖文式角色扮演遊戲呈現（Role-playing game，簡稱RPG）

4　收入本書之篇名調整為「良善與正義的靈魂：高雄陰廟初探」。
5　收入本書之篇名調整為「沙洲孤神，落葉歸根：旗津萬應公祖、八德公、水三娘的故事」。
6　收入本書之篇名調整為「不斷消逝的歷史：我與陰廟的超時空對話」。
7　收入本書之篇名調整為「祢是誰：從祭祀對象討論陰廟香火現況」。
8　收入本書之篇名調整為「逸聞與歷史的協奏：探討坤帝公與王曾公的沿革與信仰現況」。

2	《落日餘暉》攝影集[9]	張嘉和（社會系）黃仲偉（社會系）黃映潔（外文系）	以高雄地區「二戰」相關廟宇為主題，共有鳳山正軍堂、保安堂等五處，結合文字敘述和影像記錄，透過攝影集呈現這些因戰爭而犧牲之英雄們的生命故事。
3	臺灣妙妙廟	江妤芊（中文系）林昱婷（中文系）陳立均（中文系）	以林園及三民地區共四間廟宇作為田野調查的對象，記錄其歷史故事與轉變歷程，並以漫畫形式繪製龍鳳宮黃府姑娘的成神故事。
4	數百年來的守護神	田浩旭（企管系）陳美廷（企管系）黃紹展（物理系）賴冠志（物理系）	選擇了鳳山地區百姓公福德祠、南門公、黃公廟三間廟宇作為田野調查的對象，記錄其歷史故事。
5	共同的記憶[10]	許雅婷（中文系）陳 蔚（中文系）臧紫涵（中文系）蔡宗豪（中文系）	運用桌遊創意展現陰廟調查的過程和結果，讓玩家在遊戲中扮演田調者，感受田調過程的各種事件，同時也可以進一步認識高雄地區陰廟的故事，親近臺灣的民間信仰文化。
6	繪聲繪影繪出歷史[11]	林玟慧（中文系）張絜貽（中文系）許育寧（中文系）謝佳純（中文系）	以鳳山保安堂、鳥松大將廟、仁武西安堂等三間與軍武神有關的廟宇為調查對象，並以較活潑的繪本方式呈現祂們的故事。
7	作伙種樹仔	洪國靖（機械系）黃宥鈞（機械系）楊詠丞（機械系）趙彥瑋（機械系）	以高雄仁武月女堂的田野調查結果作為基礎，創作劇本，製作成故事有聲書。
8	義民廟：守護者的歸宿	林易甫（電機系）謝武錡（海洋系）廖彥柔（音樂系）	選擇路竹義民祠、旗山義勇祠等五間廟進行田野調查，做出了以義民廟為主題的文史考察。

9　收入本書之篇名調整為「落日餘暉：高雄終戰前後將士成神信仰及影像記錄」。
10　收入本書之篇名調整為「共同的記憶：男女孤魂共有的記憶儲庫」。
11　收入本書之篇名調整為「繪聲繪影：你不可不知的將軍廟宇故事」。

就調查數量和地域來看，107-2 學期調查了鳳山（原紅毛港）保安堂、旗津水府進興公祠、鳳山（原紅毛港）聖堂廟、前鎮明正堂、前鎮慈正堂、旗津慈賢宮、鼓山哨船頭二位元帥祠、旗津大汕頭萬應公祠、旗津蔡應公祠、鼓山哨船頭十八王公廟、鼓山龍聖宮、前鎮慈善宮、前鎮量嬸婆廟、旗津頂仔廟萬應公廟、旗津八德公廟、旗津水三娘廟、鼓山聖公媽廟、旗津三聖公廟、旗津綠公祠、林園北極殿靈聖堂、鳳山（原紅毛港）正軍堂、鼓山萬應公廟，以上共有 22 座廟宇，主要以鼓山、旗津、前鎮、鳳山等區為主。

108-2 學期調查了鳳山王曾公廟、鳳山埤帝公、鳳山（原紅毛港）正軍堂、鳳山（原紅毛港）保安堂、大寮天兵忠靈祠、林園先鋒廟、林園龍鳳宮、三民萬聖公媽廟、三民萬姓公媽廟、鳳山百姓公福德祠、鳳山南門公、鳳山黃公廟、大樹泰安宮、鳳山萬姓公媽祠、大樹叔公嬸婆祠、鳳山（原紅毛港）有公有婆祠、鳥松大將廟、仁武西安堂、仁武月女堂、永安竹仔港義民興佑宮、路竹義民廟、旗山雜姓祠、旗山靈應公祠、旗山義勇祠，以上共有 24 座廟宇，調查地域也擴大到三民、鳳山、大樹、仁武、路竹、鳥松，甚至是較遠的永安和旗山等區。

經過 107-2、108-2 這兩個學期的努力，扣除重複的採訪對象，我們目前已經探訪 44 座陰廟。若再將這兩個學期所記錄的廟宇位置繪製於地圖上（詳見下圖 33），可以看到的趨勢是我們從學校周遭的廟宇出發，由南高雄逐步向北邁進，也從海濱走向平原、行過丘陵，甚至是進入山區。若再與目前所知高雄全區 330 多座陰廟來相較，我們仍有許多值得努力探索與開發的空間。

本書是以國立中山大學中國文學系「閩南民間文學與文化采

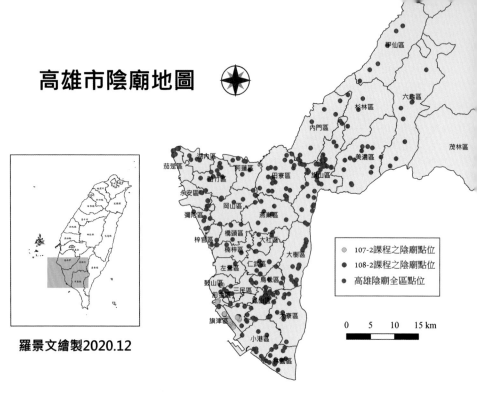

高雄市陰廟地圖

羅景文繪製2020.12

107-2課程之陰廟點位
108-2課程之陰廟點位
高雄陰廟全區點位

0　5　10　15 km

圖33 107-2、108-2學期課程探訪之陰廟位置圖

風」課程之107-2、108-2修課同學的學期報告為基礎，筆者再逐
一就各組之報告內容、論述方式、句式詞彙等方面進行修改，
使之盡可能符合民間文學與民俗學之認知和學術規範，若有不
周之處，尚祈博雅方家不吝指正。本書另附有107-2學期本課程
師生一同前往胡志明市，與胡志明市國家大學下屬社會科學暨
人文大學一同進行華人文化教學合作的記錄，以及相關媒體和
社群平台對於本課程和陰廟探索成果的報導，以完整呈現本課
程之教學成果。

被水吞噬的名字
以紅毛港、旗津兩地討海人供奉的枯骨為例

周家豪、林宥承、張絜、楊嘉琳、蘇意心

一、前言

　　在成為先靈前，祂們生前或身後有怎麼樣的故事呢？人們又是如何傳述？多數人經過這些小廟時，大多是快步離去，人們與先靈之間橫亙著極大的鴻溝，我們期望透過聆聽與記錄祂們的故事，來化解這些隔閡和誤解。

　　我們小組在調查了紅毛港保安堂、旗津水府進興公祠兩間廟之後，發現這兩間廟的共通點在於主祀神，祂們的遺骨都是從海中打撈上來的，於是便打算將主題定為水流公，等到要選定第三間廟的時候，原本打的如意算盤是，再選一間廟名中帶有海或水的，這樣便比較能切合我們原先設定的主題。有鑑於此，我們選了紅毛港聖堂廟海聖公作為訪查對象，結果訪問過後才發現，這間廟主祀的海聖公其實並不是從海裡打撈上來的。

　　在這個情況下，我們重新歸納這三間廟的相同或相異之處，討論過後，我們將題目調整為「被水吞噬的名字：以紅毛港、旗津兩地討海人供奉的枯骨為例」。接下來，將先簡介各廟被奉祀建廟的緣由、廟中擺設與祭祀情形，並兼及相關神蹟。再以前述內容為基礎，進行綜合比較，希望能更進一步了解其發展歷程與狀態。

二、各廟沿革與現狀

(一)紅毛港保安堂

　　保安堂祀有郭府千歲、宗府元帥、海府大元帥三神。據傳日本大正十二年（1923）時，紅毛港漁民在海上作業時撈到

腿骨，漁民將其帶回岸上並建竹寮供奉，該竹寮即是保安堂前
身，當時所供奉者是「郭府千歲」。而宗府元帥則是當地一位死
後無人處理後事的陳姓村民，遂託夢鄰人，後來村民將他安奉
於保安堂。但另有一說，供奉郭府千歲與宗府元帥的時間相互
對調。

　　據〈保安堂廟始沿革〉記載，紅毛港漁民約於民國35年
（1946），在海上撈獲一顆頭顱，亦帶回保安堂供奉，是為「海
府」。民國79年（1990）海府大元帥先託夢，後透過不諳日語的
乩童指示信眾前往琉球護國神社參拜，信徒於同年8月造訪琉
球，並於日軍紀念碑上找到記載日本海軍第38號軍艦在太平洋
戰爭中被擊沉一事。日後信徒於民國80年（1991）請哈瑪星船匠
黃秀世，打造縮小版的軍艦以祭祀。據說製作途中，海府屢屢
託夢，要求上面的士兵器具等物都必須確實復刻，與38號軍艦
一致。[1]

　　再據保安堂官方網站所載：

　　　　保安堂過去七十幾年來奉祀「海府大元帥」，只知是日本二
　　　　戰戰亡軍官，但對主神「海府」的歷史事跡毫無所悉。直到
　　　　2018年適逢三年一次的「海府大元帥」返鄉日，原本計畫
　　　　前往琉球「護國神社」參拜，但幾經「搏筊」都沒有結果，
　　　　後來「海府」指示是要舉辦海上招魂法會，將仍沈浮於海上

1　鳳山紅毛港保安堂：〈保安堂廟始沿革〉碑記，民國102年（2013）。並可參見
　　〈紅毛港保安堂〉，《維基百科》，網址：https://zh.wikipedia.org/wiki/%E9%B3%
　　B3%E5%B1%B1%E7%B4%85%E6%AF%9B%E6%B8%AF%E4%BF%9D%E5%AE%
　　89%E5%A0%82，最後讀取日期：2019年9月12日。

的其它陣亡官兵英靈引魂回保安堂暫時供奉。正當本堂緊
鑼密鼓籌備海上招魂法會時，大家都有一個疑問，要引什
麼人的魂？要引多少人的魂？主委張吉雄乃請示「海府大元
帥」，結果當天就有人從網路連結到日本防衛廳圖書館，找
到解密檔案「蓬38號哨戒艇」的戰時日誌。張主委將資料上
呈「海府大元帥」，「海府」回應完全正確。自此，保安堂信
眾才知悉奉祀73年的「海府大元帥」，乃二戰沉沒的「蓬38
號哨戒艇」，主神「海府大元帥」為高田又男大尉。[2]

　　至此海府大元帥身份之謎終於解開。再根據廟方的記錄可
知：「『蓬38號艦』屬於縱級驅逐艦，是二戰時期日本海軍所建
造的二等驅逐艦。1944年11月23日上午10點，『蓬38號艦』從
高雄港出發，前往馬尼拉護衛遭美軍擊沉之戰艦『武藏號』倖存
者官兵返回臺灣，11月25日凌晨1點15分，返航途中行經巴士
海峽北緯20度14分、東經121度50分，遭美軍潛艇『葉鰺號』
（SS-403）用魚雷擊中，一分鐘即迅速沉沒。『蓬38號艦』全艦官
兵145名全數戰亡，艦長為日本熊本縣人氏高田又男大尉，戰後
晉封為少佐。」[3]民國107年（2018）9月15日，保安堂於高雄
港內舉辦盛大海上招魂法會，將『蓬38號哨戒艇』全艦145名官

2　紅毛港保安堂：〈保安堂簡介〉，「紅毛港保安堂物語－官方網／高雄・鳳
　　山」，2019年8月6日發表，網址：https://taiwannippon.org/?attachment_
　　id=224，最後讀取日期：2019年12月27日。

3　紅毛港保安堂：〈保安堂簡介〉，「紅毛港保安堂物語－官方網／高雄・鳳
　　山」，2019年8月6日發表，網址：https://taiwannippon.org/?attachment_
　　id=221，最後讀取日期：2019年12月27日。

圖 34　紅毛港保安堂廟貌

圖 35　海府大元帥神像

兵英靈，引回保安堂奉祀。[4]

　　保安堂的廟宇風格，結合了琉球及臺灣本土的建築特色。由於廟中供奉日本神明與好兄弟，所以該廟與其他廟宇不同：不放梵音，而是「日本海軍進行曲」，並使用日本清酒來祭拜。除此之外的習俗，則大多與其他廟宇相同。

（二）紅毛港聖堂廟

　　當地居民在魚塭間的小路上發現海聖公遺骸，為其設立小廟。小廟旁邊有一棵茄苳樹，當地人多將死貓吊在該樹上（即「死貓掛樹頭，死狗放水流」的習俗），又因為海聖公小廟位於此樹下，所以海聖公又被稱為「貓仔公」。

　　受訪者楊先生（不願具名）的奶奶，有次砍了該樹的樹枝來燒水，準備製作餵豬的飼料，但吃了飼料的豬卻全數暴斃，事

4　洪定宏：〈紅毛港保安堂奉祀日本軍艦 高雄港辦海上召靈法會〉，《自由時報》「高雄報導」，2018 年 9 月 15 日發表，網址：https://news.ltn.com.tw/news/life/breakingnews/2552140，最後讀取日期：2019 年 9 月 15 日。

後請示當地大廟（紅毛港飛鳳宮張府尊王），尊王指示，此舉冒犯了供奉在樹下小廟的海聖公，因此海聖公有意指定由受訪者家族來供奉。其後，受訪者家族便將海聖公靈骸移至祖厝前，並重新建廟、塑造金身，當地漁民亦將海聖公的金身迎至漁船上，以祈求平安順利。二十餘年前，重粉海聖公金身，海聖公手持拂塵，代表其為修道者，正在修道。

聖堂廟除了主祀海聖公之外，尚有陪祀另一尊老聖公，經詢問之後，受訪者表示該尊神像為其祖父，因聖堂廟的祭祀是受訪者的祖父主導，於是在現址重建時，替其祖父加裝金身，至今約十餘年。

關於神蹟的部分，受訪者楊先生敘述一段親身經歷，他曾於某次與朋友在廟前聊天時，看見一個人影遠遠走來，等人影走近一點之後發現，這個人的眉毛便如同貓鬚一般，待楊先生再定睛一看，這個人便消失不見了，似乎就是貓仔公的樣貌。

現今的建築主體，是由紅毛港遷村至現址後，由受訪者家族楊家主導重新建造。

圖36　紅毛港聖堂廟之廟貌

圖37　紅毛港聖堂廟之廟門

（三）旗津水府進興公祠

　　約七、八十年前，旗津漁民於外海打撈起一塊骨頭，漁民一驚之下將其扔回海中，卻接連三次撈獲，故而將之迎回陸地奉祀，並為其建廟，原址於現今旗津汙水處理廠外旗津二路中間，當時尚無現今的旗津二路，後來政府欲拓寬道路，打算剷平進興公小廟，結果施工機器卻突然故障，施工團隊知道事有蹊蹺，才發現原來是進興公不欲自己所居之處被拆毀而為之。後來請天鳳宮池府王爺替進興公選址看地之後，將廟遷至現址，後又有赤竹仔、大汕頭及沙仔地三庄奉祀的池府王爺保薦進興公為正神。「進興公」一名之由來也與前述三庄奉祀的池府王爺有關，當漁民撈獲骨頭要迎回旗津奉祀時，曾請示過池府王爺，池府王爺表示進興公若要得到當地居民祭拜，祂

圖38　旗津水府進興公祠廟貌

圖39　水府進興公及福德正神牌位

圖40　原天公爐遭竊後之替代香爐

應向居民表明自身名號，此即為進興公得名之由。進興公聖誕為農曆 8 月 16 日。

　　廟中原有天公爐一座，後因遭竊，而改成現今放置在供桌上的小香爐。我們在訪問時，發現廟中有一頂毀壞不用的手轎，根據當地居民的敘述，該手轎是要求牌支（明牌號碼）的當地居民自行攜帶的，損壞後他們曾經請示過進興公是否要將它化掉，進興公卻表示那頂手轎總有一天還會派上用場，於是存放至今。

　　水府進興公祠曾於民國 105 年（2016）12 月 31 日（農曆 12 月 3 日）重新修繕漏水的屋頂。

三、三座廟宇綜合比較分析

　　以下將就紅毛港保安堂、紅毛港聖堂廟、旗津水府進興公祠三廟之廟宇內部、轉型程度，以及是否保舉進行比較與討論。

圖41 保安堂之光明燈

（一）廟宇內部

　　在各廟廟宇內部，我們將就廟體、陪祀神，以及是否有籤詩、門神、光明燈、天公爐、神像、乩童、保舉獲銜等項進行比較，詳如下表所示：

表4 三廟比較表

項目＼廟名	紅毛堂保安堂	紅毛港聖堂廟	旗津水府進興公祠
廟體	大	小	小
陪祀神	福德正神、地藏王菩薩	老聖公	福德正神
籤詩	有	無	無
門神	門釘	有	無
光明燈	有	有	無
天公爐	有	有	有
神像	有	有	無
乩童	手轎		手轎
自述來歷	有		無
歸神原因	海中枯骨		海中枯骨

（二）轉型程度

　　依上表各項標準評估，保安堂廟門雕梁畫棟，每位都有金身，有光明燈、籤詩且自己訓練乩童，也有參加當地大廟繞境；進興公祠外觀，則是典型陰廟，無廟門且無金身；海聖公

圖42 保安堂之「天皇家徽」

圖43 保安堂之門釘

圖 44 聖堂廟之門神　　**圖 45 聖堂廟之神像，中為海聖公，龍邊為老聖公**

雖有神像、有廟門，但實際探查之下，我們認為比較像一般神壇，裡面也有祭祀者之家神。相較之下，保安堂無疑是三間廟中轉型最成功的。

(三)保舉

在臺灣民間信仰中，陰魂要成神的其中一個途徑，便是經由正神保舉，而這些擔任保舉的神，也多為當地大廟或角頭廟之主神，象徵陰神經由天界認可，正式歸入仙班而保佑地方人民。有能力保舉陰神之正神亦或如監察人的角色，監察陰神的所作所為是否是保佑百姓，護佑地方。關於紅毛港保安堂、紅毛港聖堂廟、旗津水府進興公祠三廟之保舉情形如下表所示：

表5　三廟保舉情況表

廟名及神祇名稱	保舉與否
紅毛港保安堂海府大元帥	沒有特別說明
紅毛港聖堂廟海聖公	未經過正式保舉，但開光時有請王爺幫忙
旗津水府進興公	經池府王爺正式保舉

四、結語

「鬼有所歸，乃不為厲。」[5] 俗信「凡見水流屍者，需與撿起，撿必得祐，棄則遭殃」[6]，在避祟與恐懼的心理作用與習俗之下，人們將枯骨帶回陸地並且建廟，為無主善眾提供歸處。經探訪後我們發現，三廟共同點為保佑漁民，海府大元帥與水府進興公為海中枯骨由漁民撈上，海聖公為魚塭附近枯骨，與海、水皆有連結，三者命名亦然：海府、水府、海聖。討海人在出海的過程中危險萬分，有如對天豪賭，臺灣四面環海，海洋對漁民而言不只是討生活的所在，也可能是吞噬性命的兇險之地。

死亡被視為是不潔的，人們雖為無緣鬼魂、無祀枯骨建祠奉祀，但基於對死亡的恐懼，並為防止邪穢的汙染，會在祠楣披掛紅布以避穢。後來這種避穢防邪的心態有很大的變化，伊能嘉矩在《臺灣文化志》一書中指出：「古來臺灣盛行如私祀之稱為有應公者，原係導引於鼓勵掩骼埋胔，而另行變形，與祈求孤魂冥福之迷信結合。……相傳奉獻香火以慰其孤魂，則祈願所求，必有所應。」[7] 有應公廟懸掛「有求必應」紅布條，是信眾對有應公的一種冀望，是一種心態與行為。民眾祭拜有應公的目的，已從避穢防祟的消極心態轉為祈福求應的功利行

5　孔穎達：《春秋左傳正義》卷44〈昭公七年〉（臺北：藝文印書館，2001年），頁763。

6　黃文博：《臺灣冥魂傳奇》（臺北：臺原出版社，1992年12月），頁187。

7　伊能嘉矩著，臺灣文獻委員會編譯：《臺灣文化志》（南投：臺灣省文獻委員會，1985年），頁192。

為，這樣的轉變在日治時期已經極為普遍。[8]

　　如同標題「被水吞噬的名字」，祂們因水失去性命或名字，但最後卻也因為水而重拾被人遺忘的名字。漁民提供了祂們一個落腳的地點，祂們也都有所回報，例如海聖公，以前便時常隨漁民出海，護祐航程平順；又如進興公，替漁民指明漁獲較多之處，漁民在其指點之下，出海往往都有好的結果。田調之後，我們發現在一般人想法中多為象徵恐懼的陰神，其實也有極具人情味的一面，我們許多固有的想法往往來自於不了解，經過這次的親身體驗，我們希望能達到在本文前言所提到的：「期望透過聆聽與記錄祂們的故事，來化解這些隔閡與誤解。」如同當初替祂們建祠的漁民們，期許以後能有更多人繼續傳述祂們的故事，將人心的溫柔，帶給這些曾經生活在這塊土地上的先靈。

8　許献平：〈關廟有應公信仰及其特色〉，頁194。

近代成神
陰神神格轉化抬升的歷程

呂沛慈、梁竣雅、葉家良、鐘晟齊

一、前言

　　「『陰廟』在字面上總給人們陰森恐怖、毛骨悚然的第一印象或感覺。因此，對一般人來說，陰廟常被視為是鬼魅聚集之地，充滿著邪祟污穢不潔之氣，總是避之唯恐不及。」[1] 其實，每一座陰廟建造的背後，都有其曲折的過程；每一間廟宇中所奉祀的鬼、神，都有一段鮮為人知的故事。透過此次課程，我們試著去接近它、了解它，顛覆我們印象中對於陰廟的看法。

　　我們在本次課程中總共採訪了三間廟宇，分別是前鎮的明正堂、慈正宮和旗津的慈賢宮，我們後來發現這三間廟的主神皆是「近代成神」、「從陰神轉陽神」的廟宇，但卻只有明正堂與慈正宮有受到其他神祇保舉而升格，旗津慈賢宮則僅有在廟區上添加「玉旨」二字，在採訪當中，亦無聽聞受到保舉的相關過程。這便引起我們的好奇心，到底這三間廟從陰轉陽的契機為何？而明正堂、慈正宮又是如何受到其他神祇保舉的呢？為了解決上述這些疑問，我們將先簡介各廟被奉祀建廟的緣由與相關神蹟。再以前述內容為基礎，進行綜合比較，希望能更進一步了解祂們成神的發展歷程與狀態。

二、各廟沿革與現狀

(一)前鎮沙仔地明正堂

　　文海城隍俗名蔡蓼莪，日治時期昭和12年（1937）出生於嘉

1　王朝賜：《新化地區陰廟鬼神崇拜研究》（臺南：臺南大學臺灣文化研究所教學碩士班碩士論文，2005年），論文摘要，原文無頁碼。

圖46　興仁公園與沙仔地明正堂、慈正宮位置圖（取自 Google Map）

圖47　明正堂外觀

圖48　明正堂玉旨廟額

義縣布袋鎮。小時候隨父來高雄工作，因故於民國55年（1966）過世。當他逝世之後，他的魂魄常在鄰近小學顯現，造成學童多有不適。經請示當地境主慈正宮霞海城隍後，方知乃其魂魄滯於此處，於是將祂引度至門下修行，後再經舉薦至笨港口港口宮修行，終領旨升任為文海城隍。

　　民國63年（1974）經慈正宮霞海城隍指示，成立「義應祠」開始濟世。民國70年（1981）升任「義應將軍」；民國71年（1982）奉旨升任「文海城隍」，並賜堂號「明正堂」。不過，廟宇興建過程也遭遇到不少的波折，草創之初土地因屬於興仁國中

圖49 文海城隍生前照片

圖50 開基文海城隍神像

圖51 明正堂正殿神像

預定地而被拆除，遂遷入五號公園土地內重建，至民國73年（1984）落成。民國81年（1992）又因五號公園開闢，廟體遭到拆除而遷於公園旁，歷經多次波折又遭到拆除。民國85年（1996）重新申請合法建堂於現址。[2]

　　關於文海城隍的神蹟有二：其一為早期沙仔地區域屬於臺灣杉業的重鎮，在現今興仁公園一帶皆是浸泡杉原木的杉池，而文海城隍爺前身便是鎮守在杉池旁的義應將軍。由於杉木一

2　引用自明正堂〈文海小城隍沿革〉碑記，此碑由陳玉城記載、主任委員蕭清年敬題，未署時間（約為1993年左右）。並參考前鎮沙仔地明正堂官方臉書網站，網址：https://www.facebook.com/weihai0920，最後讀取日期：2019年5月23日。

根根漂浮於杉池中，常有小朋友們在此遊玩而不慎失足於池內溺斃，當城隍爺鎮守在旁時，看到許多小孩就此夭折，十分不忍，便出手施救，在地居民無不感念城隍慈悲恩德。其二是大家樂盛行，

圖52 鎮殿文海城隍神像

城隍尚為「義應將軍」時期，明正堂為大眾「槓牌支」的聖地，可說是有求必應！每逢聖誕之時，布袋戲沿著公園連綿不斷，作戲時間長達一個多月之久。但自從升任「文海城隍」後，城隍爺便不示現牌支，此一盛況便隨著神格提升而逐漸消失。[3]

（二）前鎮沙仔地慈正宮

　　日治時期港務局尚未擴建前，沙仔地區域為一片養魚塭地，在港務局填土整地後，原該地「諸正魂」暫居於某未整理之舊塭寮中。後因舊塭寮年久失修而崩塌毀壞，諸正魂無棲身遮風避雨之所，無奈聚集成伍，夜夜顯化，庄民驚懼難安。庄民為求境域之寧，特請示前鎮鎮南宮文衡聖帝。聖帝指示諸正魂正氣佑民，理當留存保境，應建祠奉祀。民國46年（1957），庄民請示前鎮鎮南宮文衡聖帝後擇日開工，並蒙聖帝賜予祠號「萬中祠」，封為鎮海元帥之職。同年中秋興工，至民國47年（1958）正月初十日落成。

3　資料來源：明正堂總幹事王正豪先生口述，採訪地點及時間：明正堂廟埕，
　　2019年05月12日。

圖 53 慈正宮外觀

圖 54 慈正宮玉旨廟額

圖 55 慈正宮正殿

圖 56 開基霞海城隍神像

　　民國 52 年（1963）正月，萬中祠遷至興化里（現址）重建。地方仕紳議定買地 25 坪以建祠奉祀，請示前鎮鎮南宮文衡聖帝代奏上蒼，擇日興建。同年，聖帝指示鎮海元帥為神正氣、功感上蒼，玉旨高升勅封升任為「霞海城隍」，並賜廟名「慈正宮」以鎮守本境，職掌陰陽、稽查善惡。眾善信認為元帥升為城隍之職，宮殿非舊祠可比，廟貌必須莊嚴宏大，遂將建坪 22 坪增至 36 坪，於該年農曆 4 月 10 日落成。[4]

　　關於慈正宮的神蹟亦有二則：其一是城隍籤詩十分靈感，若有信眾因心意猶豫不決或有他事向城隍求得籤詩，皆在詩句之中透露出相關訊息及注意事項。其二為廟中有乩身供信徒收

4　詳見蕭清年撰：〈慈正宮沿革〉碑記，1995 年 1 月。

圖57 開基南海佛祖神像

圖58 南海三佛祖神像

驚、問事，亦是十分靈驗。據受訪者——慈正宮總幹事林文祥先生自身經驗所述，當時南海三佛祖（編者按：此非慈正宮城隍）降乩為他收驚祭改時，三佛祖手持三十六炷清香前後揮舞，照常理而言香灰應四散各處，但卻完整落於林總幹事周遭並圍成一個圓圈。受訪者百思不得其解，回到家中神明廳靜坐尋思許久，後發現蒲團為圓且大小正好與香灰所圍繞相符，便於下次公事日詢問三佛祖。三佛祖明示其知受訪者有在靜坐修行，要他繼續精進，不可怠惰。受訪者非常訝異，因其靜坐一事並未向他人提及，更未曾向三佛祖稟示過，自此林總幹事十分感念佛祖神威，更盡心盡力為慈正宮眾神服務。[5]

（三）旗津中洲崩隙慈賢宮

座落於旗津南端崩隙聚落外海防風林的慈賢宮，爐下信眾稱主祀神明為「先生公」，以農曆4月27日為聖誕慶典日，其詳細生平已不可考。根據訪談得知，關於先生公的由來有二種說法：其一，先生公生前是日治時期的日籍醫師，嘉惠地方居民

5　資料來源：慈正宮總幹事林文祥先生口述，採訪地點及時間：慈正宮辦公室，2019年5月25日。

圖59 慈賢宮外觀

圖60 慈賢宮玉旨廟額

圖61 先生公神龕

圖62 屏東小琉球漁船捐獻芳名

良多，後因歹人謀財害命慘遭殺害，地方居民感念先生公仁德之風，故於其仙逝後，立祠奉祀誌念。其二，先生公生前為中國渡海來臺的老師，於崩隙地區教授當地孩童識字，嘉惠地方居民良多。後萌生回鄉念頭，地方居民不捨先生公就此離開便進行慰留，慰留過程中因失手而誤殺先生公，基於愧疚心態立祠奉祀。[6]

民國66年（1977）中度颱風賽洛瑪侵臺，以其豐厚雨量及強大風力，造成高屏地區的重大損害，尤其是詭譎多變的倒S型行進路線，使許多漁民誤認颱風已然遠颺而紛紛出海捕魚，殊不知其猶如回馬槍般的颱風路徑逆襲，導致許多正在海上捕撈的

6 資料來源：在地居民莊仁誠先生口述，採訪地點及時間：慈賢宮廟埕，2019 年5月31日。

圖63 慈賢宮正殿

圖64 先生公神尊（中為開基）

漁民因此喪命，當時一艘屏東小琉球的漁船被風浪狂掃至小港沿海一帶，正當漁船失去方向漂流海上時，突然出現一位自稱為先生公的長者，向船長指點漁船航向某方可保平安，漁船也由此得以躲藏在大鐵船之下，順利度過這次的海上險難。大難不死的船長及船員們，便開始了一系列尋找救命恩人的過程，最終尋至旗津崩隙聚落的先生公廟，方恍然大悟原來是神明顯靈救命，而後該漁船每次出航必滿載而歸，在漁民之間的口耳相傳之下，先生公的神蹟遠播至東港、小琉球等周邊地區。時至今日，每逢先生公聖誕千秋日，東港、小琉球漁民必定成團至慈賢宮向先生公拜壽慶賀，而先生公也是旗津島上陰祀性質廟宇中，極少數每年聖誕必有大戲演出的小廟仔。[7]

三、三座廟宇綜合比較分析

（一）近代成神的原因和種類

經過這段時間的踏查之後，我們發現所選擇的三間廟宇之

7　資料來源：在地居民莊李鳳娥女士口述，採訪地點及時間：慈賢宮廟埕，
　　2019 年 5 月 31 日。

主神，皆是由陰轉陽，且於二次大戰後成神之「近代成神」的案例。起初我們分析時，在「後天成神」與「近代成神」兩者之間做選擇，後來考量到三間主神都是於二戰後成神，因此「近代成神」更能凸顯我們所要研究的主題。

　　在一般民間信仰中神明的來源相當多，本文所指稱的近代成神，僅狹義的敘說陰魂受到祭祀之後，經由信徒的觀念轉化或是神界的冊封而升格成正神，基本上對於陰神信仰，我們的態度是將其視為開拓臺灣這塊土地的祖先，縱然祂們與我們無任何血緣等關係，仍應受到敬重與祭祀。大多數近代神明為非正常死亡，而若要成神仍然有一些條件要達成。近代成神大致上有這幾種類型[8]：

1. 有功於社會

　　有功於社會指的是在世時，對國家、社會、鄉里、廟宇等等有所貢獻者，老百姓基於懷念的心態而奉祀之。如本文的慈賢宮「先生公」、旗津天聖宮「鍾府元帥」、東港開基共善堂「高府獻圖伯」等。

2. 因義舉犧牲

　　因義舉犧牲的案例在臺灣的發展史上佔了絕大多數。如副瀨富安宮「義愛公」、小南城隍廟「小城隍朱一貴」等，甚至義賊廖添丁也被認為有一定的義舉存在，而被奉祀。

8　相關類型參考閻維彪：《臺灣漢人民間信仰的「臺灣神」之研究》（臺北：臺北大學民俗藝術研究所碩士論文，2006 年）。同時加上本小組在田野調查和閱讀過程所得到的資料。

3. 死後助人

有些神祇則是在世時，並無豐功偉業，也不見得是有所修行的尋常人，但在死後卻因為有顯靈助人事蹟而被奉祀。如高雄因意外而過世的二十五淑女，近來本校社會學系調查發現已有二十二位被雕塑神像奉祀。[9]

4. 死後作祟

民間常聽到的說法就是「來討」，通常是一個地方突然不平靜，或是有人身體莫名產生病痛，為安撫祂們而立廟奉祀，讓地方恢復平靜，不過雖然看似惡行，有不少立廟之後變成保佑信徒的廟宇。如本文所提及的前鎮慈正宮「霞海城隍」、前鎮明正堂「文海城隍」等。

表6　三間廟宇主神死亡原因表

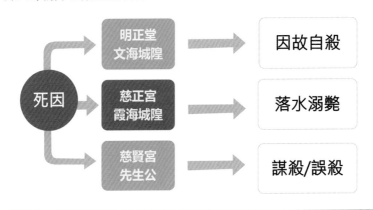

9　詳見白于均、吳蕙如、洪宜婷、張仁瑋、謝珮慈、蘇筠芷、釋心諦：〈漢人宗教場域中的女性與靈力：以旗津二十五姊妹與女性靈媒為例〉，收入趙恩潔主編：《看見旗津：大學生社會調查實錄》（高雄：國立中山大學社會學系，2018年9月），頁10-45。

　　由上表可見，明正堂文海城隍在官方沿革上為「因故辭世」，但據受訪者指出，由於城隍死因涉及個人隱私，因此廟方在沿革上未多做說明。

　　慈正宮霞海城隍在官方沿革上最先則稱為「諸正魂」，可能意指有多位亡者。然而，透過訪談卻發現，廟內耆老皆說霞海城隍為當地朱姓先民，其落水溺斃後，時常顯聖因而建廟。由此我們推測，城隍生前俗名可能為「朱正雲」之類姓名，因口述的閩南語發音與「諸正魂」相近；而另一可能性為當時朱姓先民亡故後，與該處其他諸位正魂聚集為伍，後受鎮南宮文衡聖帝冊封時，諸位正魂以朱姓先民為首。

　　不論這兩位城隍的實際由來為何，透過調查後可知：霞海、文海兩位城隍生前皆屬非自然死亡，後透過顯聖而興建廟宇供萬民祭祀，並成為前鎮沙仔地區域特殊的「雙城隍」信仰。

（二）成神歷程

　　誠如前文所述，本文「近代成神」是指陰魂受到祭祀之後，經由信徒的觀念轉化，或是神界的冊封而升格成正神，但大多數的近代神明是由非正常死亡而來，若要成神，或是由陰神轉升陽神必須達成某些條件。[10] 三間廟宇主神成神之歷程如下表所示：

---

10 辜秋萍：《基隆市陰廟神格化現象之研究——以八斗子地區為例》（雲林：國立雲林科技大學文化資產維護系碩士班碩士論文，2006 年），頁39-41。

表7 三間廟宇主神成神歷程表

	主祀神明	是否受到保舉	保舉神祇	是否進修	進修地點	有無領玉旨
明正堂	文海城隍	是	慈正宮霞海城隍	是	笨港口港口宮	有
慈正宮	霞海城隍	是	鎮南宮文衡聖帝	是	鳳山城隍廟	有
慈賢宮	先生公	否	無	否	無	有

　　由表7及前文討論可知：明正堂與慈正宮皆有受其他神祇保舉，且有報名「神界進修班」前往他處廟宇修行，都是有明文受到神界的冊封而升格成正神。如慈正宮霞海城隍受鎮南宮文衡聖帝保舉，後經舉薦前往鳳山城隍廟修行，因此尊稱鎮南宮文衡聖帝、鳳山城隍廟城隍尊神為恩師；又如明正堂文海城隍受慈正宮霞海城隍保舉、後經舉薦前往笨港口港口宮修練，尊稱慈正宮霞海城隍為恩師、笨港口港口宮天上聖母為師姊。這種「師徒」制度也算是近代成神所特有的關係之一。

　　本研究較特殊處為旗津慈賢宮先生公，據受訪者指出先生公並無其他神祇保舉、舉薦至他處修行，亦無民間信仰中「領玉旨」的過程，但廟堂匾額卻上書「玉旨慈賢宮」，其發展歷程值得探究。

四、結語

　　在這次的田調當中，我們一行四人中有三人對此領域可說是從零開始，對於陰廟從畏懼到好奇、從好奇到釋懷，才發現陰廟似乎也沒想像中如此令人恐懼。其實，每一座陰廟建造的背後，都有其曲折的過程；每一間廟宇中所奉祀的鬼、神，都

有一段鮮為人知的故事。透過此次課程，我們試著去接近祂、了解祂，顛覆我們印象中對於陰廟的看法。

　　我們在著手研究後，發現了三間廟宇主神都是於二戰後成神，令人遺憾的是，旗津慈賢宮先生公雖有管理委員會，卻始終沒有機會訪談到重點人物。我們於先生公聖誕期間詢問廟內委員，委員們則表示沒有受到其他神祇的保舉，亦無如霞海、文海兩位城隍前去進修之事，更不清楚當初請領玉旨的相關程序，只說重建後便於廟匾上添加「玉旨」二字。旗津先生公算是此次較為可惜的一個案例，或許是資訊來源較為缺乏，抑或是田調時間較短的緣故，希望未來能獲得更多資訊，有更完整的研究成果。

不起眼的鄰居
二位元帥、萬應公、蔡應公的故事

朱詠瑜、郭艾伶、陳怡君、陳志弘、徐紹瑋

一、前言

在「閩南民間文學與文化采風」這堂課之中，我們總共採訪三間陰廟，第一間二位元帥祠位在高雄哈瑪星地區，現址於中山大學正門口旁的山丘上，附近是鼎鼎大名的十八王公廟（即靈興殿）。另外兩間則在高雄旗津地區，分別是中洲大汕頭的萬應公祠，和同樣位於中洲而更靠近過港隧道的蔡應公祠。透過訪談小廟附近的居民、該廟或附近廟宇的總幹事（只有第三間蔡應公祠有見到總幹事，前面兩間陰廟是由附近大廟所管理）後，我們發現這些廟宇的存在由來、興盛或衰落的原因，或多或少與當地的歷史背景與時代變遷相關，也在時間的流逝下，隨著不同時期的開發需求，而遷移過廟址。我們將先介紹各廟被奉祀建廟的緣由與相關神蹟，尤其著重在遷廟的歷程，再以此為基礎進行綜合比較。

二、各廟沿革與現狀

（一）鼓山哨船頭二位元帥祠遷廟史與故事

鼓山哨船頭二位元帥祠，位於中山大學大門口左邊的斜坡上，廟旁有英國領事館與較大間的靈興殿十八王公廟，二位元帥祠的歷史與傳說也與這兩棟建築物有著密切關係，經實際訪談附近居民及相關廟方人員後，故事雖有些許不同，但仍可約略描繪出二位元帥祠大致的廟史輪廓。

二位元帥祠最早位於現今打狗英國領事館領事官邸內，當時只有一塊碑文，並無任何廟宇建築及神像，但關於碑文前身

圖65 二位元帥祠廟貌

為何，以及何時被放置在英國領事館內，已不可考。此碑文遷移的原因是中山大學建校，原先位於校內的十八王公廟需遷移至英國領事館領事官邸旁，二位元帥的碑文亦需遷移，於是與神靈跋桮（puáh-pue）溝通，神靈同意先將其碑文遷出，待日後十八王公廟興建完成後，由負責建廟的單位在旁邊另立一小廟供奉二位元帥。此外，又因在傳統民間信仰中，供奉神明像必須單數（一、三），因此加入了鎮海將軍，才形成現今看到的二位元帥祠。[1]

　　關於其傳說故事，我們在詢問當地居民後，得知位於山下的開臺土地公廟（即哨船頭開臺福德宮）歷史悠久，於是找到十

1　編者按：高雄文史研究者廖德宗先生後於2022年1月11日在臉書社團「高雄老屋集」發表〈探尋哨船頭二位元帥廟的身分〉一文，推測二位元帥為原埋葬於英國領事官邸旁之墓地的外國人，詳見網址：https://www.facebook.com/groups/1424087277811220/permalink/3348161052070490/，最後讀取日期：2022年2月6日。為保留文章原貌，本文不做更動。

圖66 二位元帥與鎮海將軍神像

八王公廟總幹事，同時也是現任土地公廟的總幹事，他自民國90年（2001）起，任職靈興殿執事人員期間有聽聞一些故事。他提到關於二位元帥的碑文，傳說曾有小孩子拿石頭砸碑造成裂痕，而後久病不癒，其母親知道此事後，便到碑文前求取原諒，才使病情好轉。關於神像的部分，雖可辨別非本土神明，但臺灣經歷許多外來政權統治，究竟是那一國神明仍有許多說法，他曾遇過荷蘭人拿著雜誌前來求證，認為應該是荷蘭將軍駐守在哈瑪星地區，後來戰死供奉於此。另外，也有來自臺中的師姐，因常常夢到二位元帥，所以前來祭拜，她感應到二位元帥負責護佑附近的居民，有很大的功勞。

（二）旗津大汕頭萬應公祠遷廟史與故事

　　旗津大汕頭萬應公祠也與二位元帥祠相似，同是被一旁的大廟所管轄，其中萬應公祠為鐵皮搭建，旁邊另有一間石造的福應公祠，兩廟廟門方向相反，福應公朝東，萬應公朝西，後

圖67　福應公祠（廟門朝東），左側紅色鐵皮小廟為萬應公祠（廟門朝西）

圖68　萬應公祠廟貌

者較小且較為隱密。

　　由於萬應公香火稀疏，較無固定信徒祭拜，於是我們轉而向朝龍宮委員詢問，才知較小間的萬應公祠歷經多次搬遷歷史，而後才到現今的位置。原來萬應公祠最早在現今旗津國中校地內，後來約民國53年（1964），因應旗津國中建校，因此將廟宇遷至現在的旗津醫院（民生醫院）旁，當時周圍都是墓園。後來，又因旗津醫院興建而遷走，沒想到距今約十到十二年前又經歷一次遷移。在最後一次遷移時，廟宇主體還是以大理石興建，造價不菲，但無奈為配合政府要求，而不得不拆遷到現在的位址。

　　關於萬應公祠的傳說，在其香火最興盛的時候，會來祭拜的大多是當地的漁民，捕烏魚前會來祈求漁獲能夠豐收，也

圖69　萬應公祠神像

　　由於香火鼎盛，當時附近村莊的信徒想要把萬應公遷移到朝龍宮以北的大願院，在那裡有較大的萬應公祠可安置神明。當信徒都已決議好，準備拆遷之前，當時朝龍宮的主委被萬應公託夢，告訴主委只需要簡單幫祂安置就好，於是萬應公祠便留在原地沒有遷移。萬應公祠的廟門方向，也與朝龍宮有關係。當初萬應公祠門原本要朝向北方，但由於朝龍宮廟門也朝北，而萬應公祠又在媽祖的「境」內，廟方人員認為若朝同一個方向，如此將無法管理萬應公，因此將萬應公祠改為朝向西方，才成為現今的模樣。

（三）旗津中洲蔡應公祠遷廟史與故事

　　旗津中洲蔡應公祠雖與前面兩間陰廟相似，旁邊也有一間大土地公廟，但不受後者管理。該廟周圍很熱鬧，附近有一間熱炒店在做生意，廟旁有一塊空地，當地人用鐵皮搭建起屋頂

遮陽，底下坐著許多
居民泡茶聊天。

　　我們小組在觀
察周遭之後，開始詢
問廟旁乘涼的居民，
很幸運地遇到蔡應公
祠現任主委莊金城先
生。莊主委今年62
歲，是這附近的前里
長，他說蔡應公祠已

圖70　蔡應公祠廟貌

經有一百多年的歷史了。一開
始廟是位在碼頭旁，且會定期
跋（puáh）爐主決定當期的負責
人，民國70多年的時候搬到現
址，並且成立了管理委員會。

　　莊主委表示會來蔡應公祠
祭拜的人，大都是附近的居民，
主要是祈求捕魚豐收，或是出
航時風浪不要太大、平安歸航。
蔡應公的誕辰，從以前流傳至

圖71　蔡應公神像與神位

今為農曆的8月18日，誕辰當天會請歌仔戲來表演，也會在廟
前的空地辦桌。

　　深怕關於蔡應公祠的歷史與記憶會在時間的流逝中消失，
莊主委也想記錄廟宇的沿革，但礙於現實上的考量，遲遲無法
動工。

三、三座廟宇綜合比較分析

從上文可以得知，二位元帥與萬應公曾顯神蹟，而萬應公與蔡應公則是與旗津當地的捕魚業有很大的淵源。目前這三間廟的佔地都不大，且地理位置都很隱密，蔡應公祠要彎進小巷、二位元帥要爬多層樓梯，萬應公更甚，如果不仔細觀察的話，很容易就錯過了。

至於香火，我們在訪談中得知大汕頭萬應公祠曾經香火鼎盛，是在遷廟之後才稀疏；二位元帥祠則通常被視為十八王公廟的附屬小廟，鮮少有特地來參拜者；蔡應公祠儘管香火寥落，但廟埕已經變成了街坊鄰居的聚會點之一，當時我們小組前去拜訪的時候，外頭正聚集了五六位長輩在聊天泡茶，其中還有幾位跑到了海裡泡泡海水，好不愜意。這番景象完全扭轉了一般大眾對陰廟的生人勿近的印象。

這三間廟的共通點是都曾經遷移過，但遷廟造成的影響卻不一樣。萬應公遷廟後香火反而稀疏；蔡應公遷廟後則發展為當地居民交流的場域；二位元帥祠鄰近觀光區，居民或是廟方人員對其歷史的描述眾說紛紜，難以考證。此外，三間廟的神明誕辰都在農曆 8 月，或許是某種慣例，我們猜測這可能與古代的秋天行刑慣例有關，抑或是廟方的習慣，這點我們尚無法遽下定論，有待觀察更多個案，才能有較合理的解釋。[2]

2　編者按：陰廟陰神誕辰常見於農曆 8 月，這種現象複合了社祭，即土地公（福德正神）信仰，亦反映「春祈秋報」之信仰觀。可以參見許献平：《臺南市鹽分地帶有應公信仰研究》一書對於有應公廟祭典日的討論，見頁 344-346。

四、結語

在田調之後，我們小組發現陰廟的發展其實是跟地方緊緊相扣的，比起全國性的大廟宇，這些「不起眼的鄰居」的發展，往往就是地方歷史的縮影。舉例來說旗津的萬應公與蔡應公都有著幫助漁民捕魚的神蹟，而在產業逐漸轉型和遷廟之後，香火也相對減少。

不過，也由於蔡應公祠成為了街坊鄰居的社交場所，反倒是讓我們好好思考，究竟這些小廟是否非得一定要轉型成陽廟才行？廟宇本身就是歷史的痕跡，只是轉變成了另外一種形式來陪伴居民，或許對於居民來說，陰廟、陽廟的差異，已不再那麼重要，對庄民而言，祂們就是守護著他們的鄰居而已。

良善與正義的靈魂
高雄陰廟初探

李世傑、郭宇珊、陳品蓁、趙姿婷

一、前言

在接觸陰廟以前，我們對陰廟的認知就是長輩口中「不要亂拜亂逛，可能會沾到壞運氣」的地方，甚至不知道其與祭祀對象之間的關係。對一群初識陰廟的學生來說，對廟宇的認識不多、基本知識也很不足，但是透過我們好奇的目光，以田調的方式，一一走訪探查，看見了很多關於廟宇文化在民間流傳、演變的痕跡，接下來要談談我們初訪陰廟，認識這些曾經在這片土地生活過存在過的孤魂和祂們的故事。

二、各廟沿革與現狀

此次田野調查主要觀察的廟宇為鼓山區靈興殿十八王公廟、鼓山區龍聖宮黃正公祠、前鎮區的慈善宮與量嬸婆祠。以下將針對不同的分項，逐一說明這四間廟的特點，再進一步比較。

（一）建廟故事

1. 鼓山靈興殿十八王公廟

根據〈西子灣靈興殿十八王公建廟史誌〉（圖72），在清康熙23年（1684）一艘從大陸出航的帆船，因遭遇船難，沉沒在今西子灣，歷經一番掙扎，最終有十八人脫險上岸。這十八個人之後留在當地努力開墾，且因其做人和善，和當地人相處融洽，故頗受敬重。不料後來發生一件重大的盜匪案，當時的鳳山縣衙竟橫加罪名於這十八位移民，予以集體冤殺。當地人一

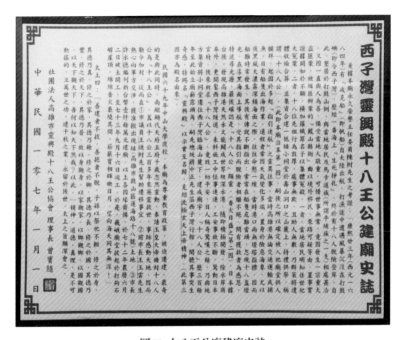

圖72 十八王公廟建廟史誌

方面知道這是一大冤案，一方面感念於這十八位移民先前助人無數，於是將其遺體收殮合葬，集資在壽山洞口上的山麓上建立一間小祠，持禮共祭。

十八王公廟有許多「指引迷航」的靈異事蹟，常常只要船隻遇到危難時，就會看見十八盞燈在漆黑的海面上指引方向。獲救者們為了感恩而追尋光線，才證實是「十八人公」顯靈。

日治時期因為開鑿壽山洞公安意外不斷，日人轉而向十八人公祈求，之後便一切平安，日人驚嘆之餘，趕緊集資後將小祠改建成廟宇，並將之遷移至西子灣臨海山麓下，十八人公廟從這時得以嶄露頭角。

後來先總統蔣介石（1887-1975）聞其事蹟，特賜名「靈興

殿」，以示實至名歸。而民國69年（1980），南鯤鯓代天府五府千歲有感於十八人公英靈救世，遂而奏請玉皇大帝冊封「十八人公」為「十八王公」，「靈興殿十八王公」便沿用至此。

2. 鼓山龍聖宮黃正公祠

根據廟裡的修建廟誌（圖73）
表示，相傳在前清年間，壽山山麓，土名龍園頭，妖氣熾盛，村民無不恐懼戒慎。有一李姓道士，從龍園頭出發，途中步行時感到不適，但仍勉力而行，走到雙頭塭堵一帶時忽見綠竹倒下，甚為驚恐，於是昏迷不醒人事，在昏迷之中，朦朧聽到彷彿有人斥責曰：「吾為黃正，此乃吾境，不可傷之！」爾後道士甦醒，四

圖73〈黃正公祠管理委員會修建簡誌〉

處尋覓，在一週之後發現一骷髏頭骨，知其顯靈，解救其性命，於是就近建一小塔供奉之。村民不知神尊名諱，皆以「頭殼神」尊稱之。嗣後村民經由民間習俗跋桮（puáh-pue）方式詢問神意，此頭骨乃威武顯

圖74 黃正公祠外觀

圖75 黃正公祠內部

圖76 黃正公神像

赫，正氣浩然之黃正公生前
之靈骨，至今其靈骨仍在廟
中。

　　根據不願具名的廟公表示，目前廟址高雄市鼓山區迪化街
90號是新址，舊址則在外面街口的水溝附近，搬遷已二十餘
年，而廟目前建立約百年，傳至受訪者是第五代。

3. 前鎮慈善宮朱府千歲

　　前鎮區慈善宮的主祀神是朱府千歲，即朱媽乾先生（生卒年
不詳），為朱家的祖先神，是受訪者戴女士先生的叔公。據受訪
者口述，朱媽乾先生原為清朝派來臺灣的官員，底下的子女很
多（受訪者一家即為二房所生）。其生前為人和善也積極行善，
對於侍奉神明十分虔誠且專心地研讀教義。在過世後，跟在佛
祖旁邊修行，磨練自己，因而得道。得道後便託夢給子女，希
望能夠為祂建立供奉的地方，於是後世子孫便為其建立慈善
宮，為朱府千歲，直至今日。

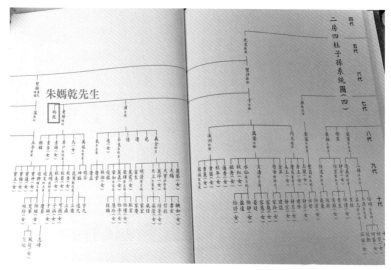

圖77　朱家祖譜（戴淨宜女士提供）

圖78　慈善宮外觀

圖79　朱府千歲神像特寫

圖80-81　慈善宮內部

4. 前鎮量嬸婆祠

量嬸婆位在慈善宮朱府千歲旁邊，據受訪者戴女士口述，這位婦人當年嫁到籬仔內（位在前鎮區鄰近鳳山區一帶），在丈夫死去後，其和孩子遭到當地人的欺負，遇到幾位朱姓民眾解救才得以脫困，之後的日子就也和這邊（指朱姓民眾）相處融洽。之所以會建廟，是因為婦人曾向當地人託夢要求，希望能一直面向著籬仔內的方向，想看到籬仔內衰敗，於是當地人便為其建祠，直到現在。

圖82 量嬸婆祠祠門

圖83 量嬸婆祠內部

（二）各廟廟塚位置

1. 鼓山靈興殿十八王公廟

根據十八王公廟廟公表示，十八王公的墳墓並不在廟宇附近，而是在中山大學國研大樓來賓停車場附近，且是葬在一起，有特別圈圍起來。不過當我們實際走訪時，卻沒有看見相似的地方，推測或許是停車場附近有經過整修，而和受訪者印象中的地方有些距離上的差距。

圖84 黃正公祠廟公為我們指出靈骨所在之處

2. 鼓山龍聖宮黃正公祠

黃正公祠廟公表示黃正公的靈骨就放在其神像底下，平時不能隨便移動，若要移動或碰觸，皆必須跋桮（puáh-pue）來獲得同意。

3. 前鎮慈善宮

受訪者戴女士表示朱家祠有放朱媽乾先生的牌位，墳墓則在高雄林園區，此外，不只朱媽乾先生，就連朱家人很多人的墳墓也都在林園區。

4. 前鎮量嬸婆祠

量嬸婆祠的位置就在慈善宮的旁邊，祠內並未擺放量嬸婆的骨骸，受訪者戴女士表示並不清楚其墳塚的位置。

三、各廟比較

在我們所調查的四間陰廟中，有三間是正朝向陽廟轉型，分別是靈興殿十八王公、龍聖宮的黃正公以及慈善宮的朱府千歲，而量嬭婆並未轉型，目前也未有轉型的跡象和準備。

(一)鼓山靈興殿十八王公廟

現今廟名「靈興殿」為先總統蔣介石賜名。廟中所祭祀的十八王公，有牌位、神像，神像為木身，為上等木材所做。廟中主祀為北極玄天上帝，十八王公擺放在玄天上帝旁。左右的陪祀神分別為地藏王菩薩，註生娘娘與土地公。

(二)鼓山龍聖宮黃正公祠

龍聖宮黃正公祠中所祭祀的對象為黃正公，原為一位道士，在世時救了一個人，逝世後，受當初所救之人感念，便為其建廟、使其能夠享受香火。建廟之後，通過了一系列的考試（道教），被玉皇大帝冊封為神明，根據廟公說是通過三次考核及冊封之後，才正式擁有龍聖宮這個廟名。冊封為神明後，每年需要去臺南海邊請火、水，領玉旨，才能繼續保有資格。在被冊封後，轉型為陽廟。

廟體中央祭祀的是黃正公，神像與牌位皆有（牌位位於神像後方），骨灰罈放在神龕裡面（黃正公神像座位底下，當初建廟時便放在裡面，和水泥一起變成神龕），陪祀神有濟公、福德正神、中壇元帥、虎爺，廟公說樓上原本要設天公爐，但是因為沒有經費，遲遲沒有動工。

黃正公的神像為木身，為上等的木身，能驅蚊走蟲之木。關於龍聖宮的神蹟我們目前採錄到一位海軍中將，在拜了這間廟後順利晉升的故事。

（三）前鎮量嬸婆祠

量嬸婆祠中所祭祀的對象為量嬸婆（生平不可考），喪夫後，與其子於今籬仔內受到他人欺負，後輾轉來到建廟處，受到朱家人的照顧、收留，於此地過世。相傳其子也早早過世，故並無留下後代。量嬸婆過世後，託夢給朱家的人，表示希望幫祂蓋一座廟，祂想要親眼見證籬仔內的衰敗（廟基有特別墊高）。

廟中只有牌位，並無神像及骨灰罈，而量嬸婆的墳墓也不知其所在，廟中並無陪祀，是我們田調的廟中，唯一一間尚未開始轉型的陰廟。

關於量嬸婆的神蹟故事，多由與祂較為親近的朱家人來傳述。訪問後得知，某人曾因友人家裡燈泡壞了，便至量嬸婆的廟裡竊取，此人卻於當天晚上四下無人時，被一巴掌打醒，嚇得趕緊把燈泡還回去。另外一個故事，則可以看見量嬸婆的良善：不久前，有一個人天天來祂的廟前跟祂講話、對祂唱歌，還妄言要娶祂。後來發爐，受訪者的先生便進去問祂是不是有個人一直來打擾、讓祂覺得不適？祂說是。受訪者的先生確認緣由後，便進廟清理香灰，竟然發現香灰是冷的，正常來說，剛發爐完，香灰會很燙，但這次卻完全不會燙手，讓受訪者的老公相當驚訝。神奇的是，後來那位騷擾者就再也沒有來了。

（四）前鎮慈善宮

　　朱府千歲所在之慈善宮，位於量嬸婆祠的旁邊，是朱家世代生活的地區。相較於其他千歲神祇，朱府千歲的年代明顯距離現在很近，但是家人族人對於祂的事蹟所知不多，只知道祂平常就有在做一些修行，為人良善等，其他所知不多。

　　朱府千歲已經得道成神，但對朱家人來說祂是神？又或者是祖？朱家人是怎麼看待祂的呢？目前朱家人在前鎮已傳衍十二代左右，在他們的朱家祠堂裡面，中間供奉的是關聖帝君的神像，旁邊則是所有朱家先人的牌位，朱府千歲也不例外，祂的牌位也供奉在朱家祠堂中，但無神像，可見祂在整個朱家中，「祖」的意義是大於「神」的，平常朱家人提到祂或者是祭拜時，也都是以「祖先」的身份來敬重祂。但是「神」的身份，卻會因為祈求目的的不同而有所變化，若是平常祭拜的話，是以「祖先保佑後世子孫」的角度來看待朱府千歲，但是當他們在求神問事時，朱府千歲便轉變為「神」。從這些變化可以知道，朱府千歲在朱家人眼中，還是以「祖先」的成份較多，「神」的成份較少，在朱家祠堂裡，朱府千歲並沒有因為成神了，而脫離「祖先」的行列。

四、陰廟神格變遷現象觀察

（一）轉型判斷標準

　　若根據李豐楙等人撰《鬼府神宮——基隆市陰廟調查》一書提及陰廟神格變遷指標有以下十二項：

1. 供奉墓碑或牌位轉變為供奉神像；

2. 三面壁轉變為有廟門；

3. 無翹脊轉變為有翹脊；

4. 焚燒銀紙轉變為兼燒金、銀紙；

5. 祭期由普度變成普度及生日；

6. 無特定管理人員變為成立管理委員會；

7. 無分香變成有分香，有進香活動；

8. 無光明燈變成有光明燈；

9. 無籤詩設備變成有籤詩設備；

10. 沒有演戲變成有演戲（感恩報德）；

11. 有污染忌避（即掛紅布條）變成無污染忌避；

12. 無神蹟變成有神蹟。[1]

　　由於此分類指標較為明確，筆者將以此作為判斷陰廟神格提升的依據。

（二）鼓山靈興殿十八王公廟

　　根據靈興殿十八王公廟廟碑記載，靈興殿最初供祭的時候，就常常會有船隻在海上看到十八道光指引迷航顯靈的事蹟，因而建廟，香火日益鼎盛；日治時期又遷建一次。蔣介石賜名靈興殿，從那時候開始十八王公祠就已經正式成為廟宇，並有轉型跡象。之後是在中山大學復校後，南鯤鯓代天府五府千歲忽然靈動，奏請玉皇大帝敕封為「十八王公」，進而轉型為

1　李豐楙、賴政育、葉亭妤：《鬼府神宮──基隆市陰廟調查》（基隆：基隆市立文化中心，2000 年 12 月），頁28-30。

陽廟，今主祀神為北極玄天上帝，旁為十八王公。

　　目前靈興殿十八王公廟的供奉狀態，是牌位和神像都有，陪祀神有土地公、地藏王、註生娘娘，也有管理委員會，有普度誕辰活動，或布袋戲酬神，亦有神蹟記錄，有籤詩也有光明燈，外面也有供人寫祈福吊牌的懸掛處，香客除了附近居民，可以看出主要以觀光客為多。

（三）鼓山龍聖宮黃正公祠

　　相較於靈興殿，龍聖宮的轉型程度沒有這麼完整，但基本上因為受過冊封，因此可以算是正朝向陽廟轉型的廟宇。目前龍聖宮黃正公祠的祭祀狀態，是牌位神像皆有，牌位為金鑄材料，骨灰罈一甕在供桌下方，另有濟公、中壇元帥、黑虎、福德正神陪祀，有普度生辰祭祀活動，也會請定期合作的春秋歌舞團來酬神，特別的是龍聖宮是三面壁建築，沒有廟門，廟公說想要增建廟門但經費不足。信眾身分大多是長者，也有準備軍公教考試的考生。

（四）前鎮慈善宮

　　朱府千歲獲祀是朱媽乾在自然往生後，託夢朱家後人說祂已得道而成神。因為是阿公輩的兄弟，距離現在還不算遠，所以有點像是祭祖，祭神的狀況不太明顯，信徒主要是朱家人為主，似乎尚未完全轉型成普世的陽廟。而目前祭祀狀態，朱府千歲有神像，旁邊有吳府、薛府千歲陪祀，但我們沒有問到為什麼是這兩尊神明陪祀、三者又有什麼關係。朱家每天上香，有事會詢問、平時求順利平安，像跟家人聊天一樣。朱府千歲

的委員會也是朱家人自己。值得一提的是，受訪者說有些身體敏感的人到朱府千歲這裡會起乩。農曆八月十五日會有生辰祭祀的活動，有時也會回鎮南宮過爐（時間不定），而每年鎮南宮繞境也會出轎一起參加。

（五）前鎮量嬸婆祠

　　未轉型，仍為陰廟，目前由鎮南宮管理，前述朱家人負責祭祀，每日點香奉茶。小祠堂三面壁無籤詩，只有牌位，靈異故事多，禁忌是不可曬晾衣物在前頭，且不可在小祠前方興建過高建築，但現已不見遵守。

五、結語

　　在實際走訪高雄的陰廟後，我們一改當初無知的想法。其實，每間廟宇都有背後的故事，不單單只是表面上的陰森，若大家願意聆聽其中的故事，會發現許多暖心，或是很玄妙的傳說故事。身為臺灣的一份子，了解在地的廟宇文化，使我們更明白自己的去向，和土地的連結也會更深，這應該是做廟宇田調之所以重要的原因，因為祂們，即是我們。

沙洲孤神，落葉歸根

旗津萬應公祖、八德公、水三娘的故事

林孟儒、林航羽、楊文淵、劉宜蓁

一、前言

　　旗津是高雄市發祥地，包括旗後、中洲兩大聚落。旗津孤懸島外，與鼓山對立，扼著打狗隙，為內外船舶往來津渡之處，昔日此地文風頗盛，文人曾組織「旗津吟社」，且以「旗鼓堂皇，維揚我武；津樑鞏固，克狀其猷」的聯語自勵，戰後遂取「旗津」為區名。[1]

　　旗津島由於地理位置的關係，沿岸有寒暖流的交會，是一個重要的漁場，因此吸引許多中國沿岸的漢人漁民到本地做季節性的捕魚活動，遂成為高雄市最早發展的地方。在荷西時期，旗津地區因擁有臺灣海峽南端的漁場，而且港灣內的潟湖淺海適合迴游魚類聚集，因此成為漁業中心。每年的烏魚季節便常有漁民到此捕捉烏魚。非魚汛期的時候，中國沿海地區的居民會趁此時乘漁船載貨到本地進行小規模的交易。[2]

　　由上述內容可知，旗津發展得相當早，且早期居民主要依靠漁業為生。目前旗津可見的陰廟雖然沒有明確的數字統計，但不在少數，在旗津相當容易看見路邊佇立著陰廟，這之間是否有一定的關係呢？因此我們小組將探查這三間位於旗津區的陰廟，分別是頂仔廟、八德公廟及水二娘祠，試圖找出其來歷及現況，並為其留下紀錄。

1　引用自旗津區公所網站〈歷史沿革〉，網址：https://cijin.kcg.gov.tw/Cijin/ History.php，最後讀取日期：2019 年 9 月 4 日。

2　引用自維基百科旗津區，網址：https://reurl.cc/nVV3bX，最後讀取日期：2019 年 9 月 4 日。

二、各廟宇基本資料介紹

（一）旗津頂仔廟萬應公祖廟

　　旗津區頂仔廟萬應公祖廟位在旗津區慈愛里安住巷62號，比較特別的是，於訪談中，受訪者夏國先生（與管理人夏國明非同一人，亦無親屬關係）提到地址為63號，但於政府登記的資料中，其地址為旗津區慈愛里安住巷62號。雖然在訪談時有與夏國先生再三確認，但他卻很肯定此間廟地址為63號。

團體名稱	主管機關	行政區	地　址	電話	負責人	教別/主祀神祇	登記別
萬應公祖	高雄市政府	高雄市旗津區	⚲安住巷62號	07-5718184	夏國明	道教/萬應公祖	正式登記

圖85 旗津頂仔廟詳細資料（內政部全國宗教資訊網）

　　夏國先生在日治時期昭和6年（1931）6月1日出生於現在的旗津區慈愛里安住巷，受日本時代國民教育至國小六年級，歷經二次大戰，當時旗津區為美軍的重點轟炸地，因此夏國先生與家人乘坐牛車前往臺南避難，書本在路途中遺失。回來後已經十五歲，沒有再繼續接受教育，而是從事捕魚業直至六十五歲退休。

　　在夏國先生的記憶中，以前頂仔廟還會有出轎、乩童，以及布袋戲的演出謝神等活動，甚至附近的媽祖廟繞境時還會特

圖86 本組組員與夏國先生的合照

意繞過來。不過近幾年由於經費的關係，現在主要以播放布袋戲為主。目前祭祀活動也只剩每年的頂仔廟萬應公祖誕辰，由一人負責統籌，附近里民捐一千元集資購買供品，祭拜完後由大家分回去。

　　我們詢問夏國先生是否聽聞任何有關頂仔廟的神蹟或流傳的故事，然而夏

圖87　頂仔廟萬應公祖神像

圖88　頂仔廟廟貌

圖89 頂仔廟旁的福德正神祠

圖90 頂仔廟外觀

先生表示沒有聽過相關的事情，對於廟宇的沿革、歷史不甚清楚。而根據我們對頂仔廟的觀察，該廟供奉的神祇類型為有應公，神像共四尊，皆為木身。頂仔廟萬應公祖廟並沒有成立管理委員會，僅由少數人管理，在萬應公祖誕辰時會舉辦活動慶祝，但沒有發行廟誌、通訊，也沒有童乩服務、爐主、頭家的選舉、分香等情形。

　　頂仔廟萬應公祖廟其建築外觀為無門戶的三面壁小祠，無龍柱、廟碑，但廟裡有拜殿、屋頂上有翹脊，門前也刻字（上聯：萬應神道永久在；下聯：公祖道傳流民界）。廟前的階梯數為雙數階。廟宇於民國95年（2006）改建過一次。

　　廟宇除了在農曆7月普度時拜拜外，亦於萬應公祖農曆9月14日誕辰時祭拜。祭神的用品有天公爐、香菸、沙盤，但沒有供信眾求籤或是點光明燈的地方，祭拜物品種類多樣，水果、乾料、雞、豬、魚等皆可，在廟中也有看到金紙、銀紙。

　　廟前並無懸掛忌避的紅布。在特定節日會於廟前廣場播放電影，主要信徒為附近居民，廟裡並無特殊禁忌、神蹟及街坊

流傳的故事。比較特別的是頂仔廟萬應公祖廟旁有一間福德正神廟，廟附近也有一間媽祖廟。

（二）旗津八德公廟

　　旗津八德公廟坐落於旗津區旗津二路257之5號。其四周環繞著廟宇，有正神鳳山寺、中洲廣濟宮，也有陰神三聖公廟。

　　受訪者呂興進先生於民國39年（1950）10月20日出生在旗津一路218號。因為家庭的經濟因素，教育程度為初中肄業，年輕時在這一帶賣海產。據其口述內容可得知，這間八德公廟前身的五間廟原本是在舊村莊一帶，後來遷村，將這些廟合而為一，現由一旁的鳳山寺管理。

　　平時都是附近居民前往參拜居多，祭品以水果為主，祭拜原因多是覺得神明對居民不錯，亦會捐款，讓八德公廟得以照

圖91　八德公廟廟貌

常舉辦活動。呂興進先生提及該廟僅於每年的農曆 8 月 21 日舉辦一次活動，而後又說到該廟生日時會請歌仔戲來表演，因而推測 8 月 21 日舉辦的活動即為呂興進先生口中的「生日」。雖呂興進先生口述表示這天是祂的「生日」，但因為這間廟裡有八位神明，因此推估 8 月 21 日僅是由多位管理委員共同訂定的日子。

至於八德公廟建於此地則是神明託夢而來，但對於八德公的神蹟與傳說，呂興進先生無法給我們較為詳細的答覆。他說，要老一輩的人比較會知道這部分的事情，只可惜老一輩的人都不愛出門，隨著時間的流逝，這些故事很可能將無法流傳於世。

八德公廟為五廟合一，主祀的八位神明分別是性叔公廟的性叔公和添丁公、周伯公廟的周伯公和水性公、黃極公廟的黃極公和正興公、國保公廟的國保公及停極公廟的停極公。廟宇合併是因原本的五間陰廟沒有足夠的人力去供養祂們，因此決定合而為一。

八德公廟所供奉的神祇推估皆為水上漂流的浮屍，也就是水流公。八尊有應公皆有神像，且都為木身。廟宇四周都沒有遺骸的放置處，倒是在神龕下發現了一個鎖起來的置物間，因此推測，此若非尋常置物間，可能是遺骸放置處。

觀察建築，可以發現已有廟門、翹脊，且階梯數為奇數。廟的柱上也刻有楹聯（上聯：八位修善民德敬；下聯：叔芳自在有德香；橫幅：公向有求保平安），但尚未有龍柱存在。此廟於民國 73 年（1984）9 月 16 日改建過一次。並無懸掛有污染避忌紅布條。

圖92 八德公神像貌

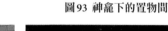

圖93 神龕下的置物間

圖94 八德公廟的廟門

圖95 八德公廟沿革略誌

圖96 八德公廟第八屆管理委員會成員

圖97 八德公廟內的金紙

廟的外頭有天公爐，廟內也有提供香和金紙、銀紙，但並沒有籤筒、籤詩及光明燈的擺設。設有管理委員會在打理此廟，且成立至今已有八屆管理委員會，亦有不少民眾的熱心捐款。

於每年農曆8月21日時，會請歌仔戲來表演，通常於初一、十五會有較多居民前來祭拜。神桌上有擺設沙盤，祭品則多為牲禮。

圖98 八德公廟外的天公爐

(三) 旗津水三娘祠

旗津區水三娘祠的位置位於中洲二路六號公園旁，廟宇供奉的類型為有應媽，廟宇只供奉牌位並無神像，旁有陪祀神武財神、福德正神。水三娘祠只有廟公（少數人）管理，未成立委員會，廟宇並沒有發行廟誌、發行通訊、童乩服務、爐主頭家的選舉、分香等服務。農曆8月23日誕辰時會舉辦祭祀活動。

在建築外觀上水三娘祠門聯（上聯：水神惠澤四海財；下聯：三娘庇佑合境安），階梯數為單階符合正神廟宇的規格，但是並沒有廟碑、拜殿、翹脊、龍柱的出現。於民國97年（2008）戊子年改建過一次。

在農曆8月23日水三娘誕辰時，會舉辦祭祀活動。我們觀察到廟宇的祭神用品有天公爐、香菸，但是沒有籤筒籤詩、光明燈、沙盤。主要祭品為水果和鮮花、金紙。舉辦祭祀活動時

圖99　水三娘祠廟貌

圖100　水三娘祠內的
香枝

圖101　水三娘祠內的
金紙

圖102　水三娘祠外天公爐

會放映電影或者邀請康樂隊演出。

　　水三娘祠廟前無避忌的紅布，廟裡也無特殊的禁忌。信徒多為附近居民，旁邊就是中洲二路六號公園，居民經常聚集於

此，我們訪問後得知有不少神蹟流傳於世。

在水三娘祠左後方的赤竹饅頭，便是水三娘祠負責人所經營，我們找到了負責人的母親薛阿玉女士進行訪談，薛阿玉女士提及自她嫁來這裡便已有水三娘，而且她認識「第一代」管理人，我們進一步詢問才知道，原來在這裡的居民是會將水三娘視為屬於某一人的廟，而薛阿玉女士所稱的第一代管理人就是第一位建水三娘祠的人，他當時是在海上捕魚時撿到了水流屍，是一具女性的屍體，若第一代還在世應該已百來歲，第二代管理人是第一代管理人的孩子，而第一代和第二代皆已不在，其他後代子孫也紛紛離開旗津，最後由薛阿玉女士的長子來負責管理。薛阿玉女士嫁來這裡已四十多年，推估水三娘建廟應未滿百年，算是蠻近代的廟。

薛阿玉女士進一步分享到，她曾經見過水三娘的樣貌，在某一次夢境中，她見到很多人圍在水三娘祠旁，然後看到旁邊有一位穿著洋裝，年約四五十歲的女性在旁，直覺這位女子便是水三娘。薛阿玉女士前去搭話，問水三娘在忙什麼，水三娘回應道自己現在很忙，因為很多人捐錢蓋廟，因此要去海裡幫忙捕魚，保護漁民。

薛阿玉女士說水三娘相當會回報信徒，比如曾有人說：「廟要蓋就蓋大間一點，我出五萬」，後來此人便中了大家樂幾百

圖103 旗津赤竹饅頭外貌

萬。水三娘也曾經
因為出明牌相當準
而聞名，比如高雄
五甲的人就曾經因
水三娘報的明牌中
獎，回來詢問水三
娘怎麼報答，水三
娘說只要做戲給祂
看就可以了。

圖104　本組組員與薛阿玉女士的合照

　　然而，薛阿玉女士跟水三娘說她不要這種偏財，她只祈求
水三娘保佑這條道路上的交通安全，因為一直以來這條道路經
常發生車禍，在向水三娘祈求後，經常能夠大事化小事、小事
化無。比如曾有年輕女孩騎機車撞上這裡的阿婆，女孩完全沒
事，只是嚇呆了，阿婆也僅有一點擦傷，薛阿玉女士回來的路
上恰巧看見，便和女孩的父母說可以帶孩子去收驚，也可以去
對面的水三娘祠答謝，因為她曾向水三娘祈求保佑。

　　據說，水三娘會借乩童來傳話，而要借乩童就得經過該乩
童的主神同意，薛阿玉女士與兒子騎車到旗津天聖宮時曾遇見
此狀況，當時天聖宮的乩童，恰巧是薛阿玉女士的朋友，原則
上只有主神可以降駕在自己的乩童，然而當時水三娘降駕到天
聖宮乩童身上，說是跟著薛阿玉女士來到這裡的，我們向薛阿
玉女士問到乩童的聲音、樣態是否有變化，她說整個不一樣，
完全是女性的姿態和語調。

三、各廟宇神格變遷現象探討

若根據李豐楙等人撰《鬼府神宮——基隆市陰廟調查》[3] 一書提及陰廟神格變遷指標有以下十二項：

1. 供奉墓碑或牌位轉變為供奉神像；
2. 三面壁轉變為有廟門；
3. 無翹脊轉變為有翹脊；
4. 焚燒銀紙轉變為兼燒金、銀紙；
5. 祭期由普度變成普度及生日；
6. 無特定管理人員變為成立管理委員會；
7. 無分香變成有分香，有進香活動；
8. 無光明燈變成有光明燈；
9. 無籤詩設備變成有籤詩設備；
10. 沒有演戲變成有演戲（感恩報德）；
11. 有污染忌避（即掛紅布條）變成無污染忌避；
12. 無神蹟變成有神蹟。

由於此分類指標較為明確，我們將根據這幾點來討論頂仔廟、八德公廟、水三娘祠的神格化現象：

（一）供奉墓碑或牌位轉變為供奉神像

陰廟通常奉祀神格較低的孤魂野鬼，在廟後或廟旁可見墳

3　李豐楙、賴政育、葉亭妤：《鬼府神宮——基隆市陰廟調查》，頁28-30。

墓及枯骨罐（骨灰罈或稱奉金甕），小祠中供奉的多為墓碑或牌位。

　　水三娘祠就相當符合這個條件，祭祀的主體僅有一牌位。頂仔廟在民國100年（2011）時還是僅有牌位的狀態，而今已改為供奉神像。八德公廟亦是供奉著神像，可見後兩者有神格化的跡象。

（二）三面壁轉變為有廟門

　　由於陰廟中的孤魂野鬼喜歡遊走四方，不受拘束，因此陰廟的建築型式通常是無門戶的三面壁，一旦陰廟設置廟門後，門神可能會讓這些無主孤魂不敢接近。頂仔廟雖然是三面壁，然而在兩側都有開拱門，兩側拱門及正門都用紅色柵欄擋著，不過並沒有門神的設置。八德公廟則有廟門的設置，不過並非將門神畫在門上而是貼上門神像；水三娘祠雖然有鐵門，然而鐵門上也沒有門神，功用比較像是用來防盜。

（三）無翹脊轉變為有翹脊

　　中國社會古代至今，只有官廟或舉人、進士等士大夫居住的房子才能有翹脊（此規律今日多有轉變），因此奉祀孤魂野鬼的陰廟不能有翹脊。而頂仔廟與八德公廟皆有翹脊，唯獨水三娘祠沒有。

（四）只燒銀紙轉變為兼燒金、銀紙

　　祭拜神明時所焚燒的冥紙為金紙，而祭拜陰神則多為銀紙。像我們這次訪問的三間廟（頂仔廟、八德公廟、水三娘祠）

都已改成金紙、銀紙皆有焚燒，甚至只焚燒金紙。

（五）祭期由普度變成普度及生日

陽廟通常會於特定的時日（如神明生日、得道升天）舉行慶典，而陰廟則不然，除了農曆7月的普度外，就是依個人習慣去祭拜。頂仔廟、八德公廟、水三娘祠皆有特定的祭拜時日，分別是農曆9月14日、農曆8月21日及農曆8月23日。頂仔廟和水三娘祠是祭拜生日，而八德公廟據我們推測，應是由管理委員們共同訂出的日子。

（六）無特定管理人員變為成立管理委員會

由於陰廟為祭祀鬼魅之處，到陰廟祭拜者多屬於個人的單獨行動，少有組織集體供奉，因此陰廟較少成立管理委員會，亦無爐主、頭家的選舉。頂仔廟及水三娘祠皆僅有管理人，只有八德公廟才有八德公管理委員會。

（七）無分香變有分香

由於人們對於陰廟存在著恐懼的心理，所以很少有人會從陰廟分香回家，或分香至別的廟祠祭拜。我們所調查的頂仔廟、八德公廟和水三娘祠這三間廟，還沒有觀察到很明確有分香的情形。

（八）無光明燈變成有光明燈

光明燈是陽廟供信徒添油金之用，以祈求神明保佑，陰廟較無此現象，目前在頂仔廟、八德公廟以及水三娘祠，都沒有看到光明燈。

（九）有污染忌避（即掛紅布條）變成無污染忌避

通常會在陰廟前掛一紅布條，避免來祭拜的人被陰廟陰氣所汙染，也是視覺上的緩衝，或是作為信徒感恩之用。而我們採訪的三間陰廟皆沒有汙染忌避的紅布條。

四、結語

比較訪談三間廟的差異，讓我們最有心得的部分是，頂仔廟和八德公廟的歷史皆較為久遠，且神格變遷現象也比較明顯，然而故事的流傳卻由於時代的更迭而逐漸消逝，不復留存；相反的，雖然水三娘祠的歷史並不久遠，且沒有太多神格變遷的跡象，但故事的保留卻相對詳細。不免讓人感慨時間對於事物的沖刷，更讓我們產生了想要積極保存這些信仰文化的念頭。

而這三間廟與在地居民的互動，遠比我們實際田調前想像的親近，畢竟在我們尚未實際接觸前，聽聞陰廟皆令人不寒而慄，在訪談過後才發現，對在地人來講，陰廟逐漸融入當地人生活，陰森的氣息漸漸消逝，原本只是為了安撫亡靈而建廟，現在這些廟裡有更多祈福求應的意味，陰廟也逐漸往陽廟轉型。

不斷消逝的歷史
我與陰廟的超時空對話

林佳宜、潘冠縈、林嘉和、龔婕瑜、李靜柔

一、前言

廟宇的歷史沉澱至今，悠久而深厚。追蹤一間廟的根源，像是一場與廟宇超越時空的對談，是沉寂的廟宇迎來盛大的復活。廟內的碑文圖片、廟公的口述言傳、信眾的探訪詢問、文獻的索引求證等，即便困難重重，我們仍搜集著各式線索，只為了聽見廟宇的聲音，並試圖對抗廟史的消逝。在路上，在田野裡，我們步履不停。

二、旗津三聖公廟

三聖公廟，位於高雄市旗津區旗津二路 257 之 6 號，根據其遷廟紀錄，三聖公祭祀彩鳳尊公、佑在公、谷主公，至今已有百年以上的歷史，此廟是由三間不同的廟集合而成，原來三間廟地所用之地與當時政府所欲開發之工程有所牴觸，因而遷建，而後將三間廟集合成如今的三聖公廟。

在進行田調時，我們遇到了重重困難，找不到瞭解這些廟宇歷史沿革的受訪者，因此就目前所能掌握的資料來進行說明。

（一）廟宇外觀

首先就外觀來看，門上對聯寫：「崑山碧玉源源進，麗水黃金滾滾來」，可見明顯之招財意涵，橫批為「三賢集聚顯真聖」，可見與廟中祀奉的三位先賢有關。無龍柱、無翹脊，階梯數為兩階雙數（為大多數陰廟規則），沒有掛紅布。隔壁即是主祀黃極公等神的八德宮，不遠處有大廟中洲廣濟宮等，並無墳墓，

圖105　三聖公廟外觀（組圖）

旁邊則有靜心亭作為當地居民集會的場所，可惜的是，幾次前去調查皆未碰到祭拜的信徒，故而無法確定其信眾是何族群、又主要祈求什麼，在一次進行田調時甚至發現在六點之後，已經關上鐵柵門，所以推測還是有人在進行簡單的管理，但晚間之後便沒有信徒來祭拜了。

圖106　三聖公廟門對聯

　　在左側窗戶有貼一張「三聖公（廟）現金收支表」，根據上面的內容，有金紙、祭拜用物和水電的支出，顯然是有人在管理的，目前最終紀錄時間只停留在民國107年（2018）10月2號（圖片上日期記載為筆誤）。我們在民國108年（2019）5月進行田調時，並未發現廟方公佈新的「現金收支表」。因此我們

根據現有收支表上的時間，推測此間廟是十一個月紀錄一次，下次紀錄須等到民國108年（2019）9月月初。後來得知附近旗津七柱鳳山寺的工作人員會偶爾來打掃三聖公廟和八德公廟，進行管理。

三聖公現金收支　10

106.12.1 ～ 106.10.2

月	日	傳票號數	科目	摘要	帳頁	收入金額	支出金額	餘額
10	2			上期結餘		535647		
				聖誕捐獻		23300		
				金紙收入		1500		
				利息 〃		4221		564668
				聖誕三牲粿花五味碗			3200	
				〃 金紙			5500	
				〃 帆布架			1000	
				〃 布袋戲			3000	
				初一、十五花四菓(全年)			9500	
				感謝狀			1000	
				水費			1200	
				電費			741	25141
			107.10.2	結餘				539527
						定存50萬	活儲 25717	現金13810

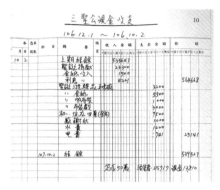

圖107　三聖公廟現金收支表

（二）歷史沿革

根據廟中沿革碑記所載：「本廟奉祀彩鳳尊公、佑在公、谷主公三位先賢，沿由至今將有百年以上歷史，興基於本上竹里。信徒代代相傳香火鼎盛，每年於農曆8月18日訂為賢誕紀念日，因三間廟地在民國75年（1986）期間所牴觸道路開發，勢必遷建，由主事者組織興建委員會籌建為三聖公廟，期能永久相傳香火鼎盛，合境平安，造福萬民。」三位先賢之生辰統一訂於農曆8月18日，然而在該日有無特殊活動，因未曾訪問到相關人士，因此無從得知。特別的是，先前提到的建廟委員會成員皆是陳姓，芳名錄所提到之人也多為陳姓，故我們

本廟奉祀彩鳳尊公、佑在公、谷主公三位先賢沿由至今將有百年以上歷史、興基於本上竹里。信徒代代相傳香火鼎盛、每年於農曆八月十八日訂為賢誕紀念日、因三間廟地在中華民國七十五年期間所抵觸開發道路勢必遷建、由主事者組織興建委員會籌建為三聖公廟、期能永久相傳香火鼎盛合境平安、造福萬民。

旗津區上竹里
三聖公興建委員會
主任委員　陳石蛋　委員　陳松茂
副主任委員　陳石生　委員　陳萬發
副主任委員　陳國從　委員　陳再添
中華民國七十五年八月十五日　吉旦

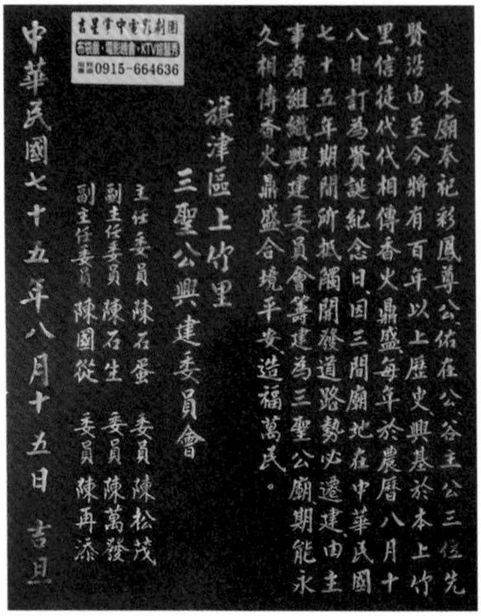

圖108　三聖公廟之興建廟碑

推測三聖公廟有可能與陳姓家族有關。

據蘇俐瑩〈旗津居民地方認同之研究〉論文中提到「大陸福建約在十七世紀以後，人口壓

圖109　三聖公廟信徒樂捐芳名錄

力日漸倍增，且明末年間政治腐敗，北方滿族入侵中原，戰亂與飢荒頻傳，社會動盪不安，再加上明代課予百姓的賦稅十分繁重，因此，居住沿海的居民開始向外尋求協助。而打狗當時是臺灣西岸沿海的一處良港，海底狹淺，魚資源豐富，自古以來就是閩南一帶居民採捕之地，因此居民紛紛離鄉轉往臺灣定居。臺灣逐漸地成為大陸漁民移居的最佳目的地。」[1]

而三聖公廟本位於的上竹里，應是清治中期左右形成的頂、下赤竹聚落，此聚落以陳姓居民為大，主要從事漁業。所以我們認為三聖公廟的興建與莊仁誠《旗津區廣濟宮之地方感建構》論文中所提到的地方感、集體記憶等概念有關連。[2] 為了證明此項推測，我們於民國108年（2019）9月18日前往位在旗津區的陳氏宗祠，想拜訪陳氏族人，可惜未有進一步的回應。

1　蘇俐瑩：《旗津居民地方認同之研究》（臺中：國立臺中教育大學社會科教育研究所碩士論文，2010年），頁35、42。

2　莊仁誠：《旗津區廣濟宮之地方感建構》（高雄：國立高雄師範大學臺灣歷史文化及語言研究所碩士論文，2013年），頁21-25。

圖110 谷主公、彩鳳尊公、佑在公神位

（三）祭祀主神及器物擺設

　　接下來看到廟的內部，有神桌、亦有
拜殿，最裡邊即三位神祇的牌位，由左至
右分別是谷主公、彩鳳尊公、佑在公，並
無陪祀，三個牌位旁邊皆有放一面鏡子。
廟內左側有放祭拜用品，無籤筒籤詩、無
光明燈、無沙盤、無天公爐、有香枝。在

**圖111 佑在公牌位旁
的開光鏡**

三聖公廟的最後，關於鏡子的部分，根據所得到的資料顯示，
一般放在牌位前的鏡子有三種作用：開光、正形、以及反光。
若為開光之意，鏡子即為開光鏡，將日光照在神像上，將神光
接引到神像上，為神像入神；正形，可能是正神明之形，或是
正人之形，但因為鏡面擺放朝外，故推測是正人之形，避免在
神明面前失態；反光則有可能是反射傷害和惡意等。[3]

3　閭山道法科儀觀念部落格，網址：https://blog.xuite.net/l1222061930/twblog/
　　133129315-%E5%9B%9E%E8%A6%86，最後讀取日期：2019年6月10日。

圖112 聖公媽廟外觀

三、鼓山聖公媽廟

聖公媽廟位於高雄市鼓山區鼓山二路80之18號，我們於民國108年（2019）5月3日上午9時前往聖公媽廟對面的住家小巷中，打算訪問廟公，卻得知廟公住院的消息，於是我們透過附近住戶，找到訪談對象，請教關於聖公媽廟的故事。

（一）廟宇外觀

聖公媽廟沒有翹脊與龍柱，廟門口則有兩副對聯，分別是：「有求靈感顯神通，必應庇佑民平安」，橫批為「聖公媽萬壽千秋」。左右兩側則是：「天逢乾坤日月照，聖賢聞名天下知」，左邊門楣為「龍飛」，右邊門楣為「鳳舞」。

（二）歷史沿革

聖公媽廟約建造於日治時期，一開始只是簡單的低厝仔（kē-tshù-á），由於過於老舊，故於民國72年（1983）重建成現今所看到的樣貌。據黃有

圖113 聖公媽廟修建樂捐芳名錄

興、高明宗《澎湖廟在高雄市》一書提到鼓山區聖公媽廟沿革：「日治時期因營造廠工程意外造成苓仔寮人甘村吉、蘇阿蘭夫婦死亡，葬於現廟地；後來附近吉貝村人因工作不順或患病求助該墓亡魂且有求必應，因此於昭和16年（1941）由澎湖人陳記發發起募建小祠，稱之『聖公媽』。後續於民國34年、43年、72年陸續修建成為今貌。」[4]

廟裡還有一些以前的照片，其中一張是聖公媽廟翻修後的照片，可以看出現今的樣貌；另外一張則是當時的剪綵典禮。

圖114 聖公媽廟修建、剪綵舊照

信眾的部分，除了當地居民與過去居住在附近的居民、學生，還有俗稱的趁食查某（thàn-tsiah-tsa-bóo），也就是風塵女子，以前的香油錢是一個人三百元。

（三）廟內擺設與祀具

再來介紹廟內的擺設，有籤詩、籤筒，當地居民說，抽籤

---

4 黃有興、高明宗：《澎湖廟在高雄市》（澎湖縣：澎湖縣政府，2005年12月），頁268。

圖115　聖公媽廟的老舊籤詩

圖116　聖公媽廟的聖籤

圖117　聖公媽廟神桌前的祥龍圖

圖118　聖公媽廟之匾額（組圖）

拜拜會較為靈驗，但從照片中泛黃老舊的籤詩，可以觀察出應該有一段時間沒有使用，也沒有人抽取。神像前面的供桌上擺設九個杯子，應該是用來祭拜神桌上的九尊神像。

圖119 聖公媽（中）、仙姑秀才（右）、
福德正神（左）神像

（四）祭祀對象

　　祭祀的主神是聖公聖媽，根
據鼓山區興宗里里長許嘉紘女士
所言，聖公媽廟是為了集中祭祀
過去戰死的無主孤魂。中間有六
尊神像為聖公聖媽，其兩側有仙
姑秀才、福德正神，而福德正神
因拍攝角度問題，沒能清楚捕捉

圖120 聖公媽廟旁的榕樹公
（松仔公）

其形象。最後在聖公媽前方是一尊虎爺。根據我們訪問的居民所
言，去年剛幫聖公媽的神像換新衣服。我們隨後在聖公媽廟的
後面發現還有一尊土地公，而廟旁的榕樹公（松仔公）（圖120）
其實已經被白蟻蛀蝕了，儘管如此，人們依舊會祭拜祂。

（五）祭祀與活動

最後介紹聖公媽廟的活動，聖公媽廟的生日是農曆8月9日，從8月7日開始，會有為期三天的歌仔戲表演。過去會在當天選出爐主，現在則是改為推選委員。

四、旗津綠公祠

綠公祠位於高雄市旗津區中州三路3號（大願院）旁，我們於民國108年（2019）6月3日下午5時前往綠公祠拜訪大願院的誦經團團長吳保男先生，想要詢問一些關於綠公祠的故事（這個消息是從一位大願院的工作人員那邊知曉的），接著我們開始對吳保男團長進行訪談，內容雖然不多，但也讓我們對於綠公祠有更進一步的了解。

圖121 綠公祠位置圖

（一）廟宇位置

綠公祠位於高雄市旗津區中洲三路3號（大願院）後方，綠公祠前方有一個銀爐，龍邊方向是綠公祠第二進建築物。

（二）歷史沿革

我們可以透過日治時期昭和8年（1933）設立的〈高雄市綠町綠公祠〉碑得知綠公祠的興建原由，其云：「高雄市平和町起至鳥松町止，公共墓地遷移數回，骨骸流散。因市內有志寄附金，建築設立納骨堂一座，自昭和7年壬申興工，至昭和8年癸酉竣工。」綠公祠所祭祀的萬應公祖是因為公共墓地多次遷移後所流散的無名氏屍骨，後來有人出資建立了綠公祠以放置這些骨骸，於昭和7年（1932）開始興建、昭和8年（1933）完工，再加上綠公祠建廟時挖掘到的無名屍骨，或是拆遷墳墓時所發現的無名屍，乃至於後來刑事案件中身分不明的，都會拿到綠公祠放置。

另外，我們還在寄附者名單中看到一位名做「盧烏肉」（生卒年不詳）的人，根據哈瑪星清雲宮的臉書資料顯示，盧烏肉是當地大姓盧姓人家的祖

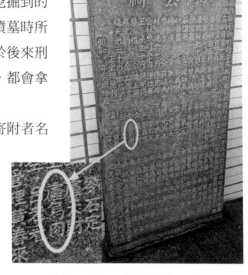

圖122 綠公祠廟碑刻文（組圖）

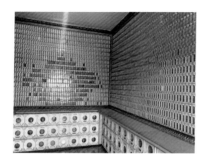

圖123 孝思堂內部

圖124 綠公祠外觀

圖125 綠公祠第二進

先，他在昭和3年（1928）的時候募集資金，建了哨船頭開臺福
德宮。[5] 在訪談的最後，吳保男團長也提到，綠公祠原先是由哈
瑪星當地人管理，後來改由旗津人接管。我們猜想這也是為什
麼盧烏肉的名字，會出現在綠公祠的廟碑上的原因。

　　綠公祠原先是一間小廟，其二樓是孝思堂，也是後來增建
的，主要是納骨塔。所以綠公祠除了祭祀萬應公祖之外，也兼

5　哈瑪星清雲宮官方臉書網站，網址：https://www.facebook.com/4391170862876
　　72/photos/pcb.724930421039669/724930344373010/?type=3&theater，最後讀取
　　日期：2019年6月12日。

具有納骨塔的性質，後來於民國89年（2000）重建為現今的模樣。而第二進建築物的興建，根據吳團長所言是因為第一進已經容納不下才建的。

圖126 綠公祠重建芳名錄

（三）祭祀對象

綠公祠祭祀的對象主要是建廟或拆遷墳墓時所挖掘到的無名屍骨，甚至於後來刑事案件中身分不明的屍骨，以及因戰爭而死者，所以在萬善同歸的萬應公祖牌位旁，還可以看見一個寫著「陸海空軍戰死英靈」的牌位。

我們田調時非常幸運地進入到納骨塔

圖127 陸海空軍戰死
英靈牌位

圖128 萬善同歸牌位

圖129 綠公祠納骨塔內部

內部去觀看萬應公祖的骨骸。據廟方人
員所說，祂們是依照人體的構造將骨骸
層層推疊，像是依頭部、上身軀幹、下
半身等部位將眾多骨骸排序。

　　我們其實一開始內心是有些緊張
害怕的，不過機會難得，當然要把握。

**圖130　綠公祠納骨塔內
堆放的頭骨**

從供桌旁的小門進去，舉目所見兩旁都
是一罐罐的骨灰罈，再加上走道狹小，整體有一種壓迫感，走
到盡頭後轉彎進入下一條走道，遠遠就可以看到紅色的供桌以
及紅布，可是卻不見我們預想中的萬應公祖骨骸，在這個時候
抬頭往窗戶方向望去，便看見被推疊在一起的頭骨，內心充滿
緊張，而這也是我們能見到最多骨骸的時候。

　　在綠公祠第二進前方有一間福德正神祠，除了祭祀福德正
神之外，還有一個正直神的牌位，據廟方所說，這是最早建廟
時就有供奉了，歷史已不可考。接著往福德正神祠旁邊的小路

圖131　福德正神祠與正直神牌位（組圖）

可以走到一片空地，能夠看見大銀爐，其中一個被封住，目前應該是沒有在使用的，而其他兩個圓形造型的爐子，應該是舉辦祭祀活動，需要大量焚燒金銀紙時所使用的。接著再往階梯走上去，走了一小段路可以看到一間萬應公媽祠，裡面也有供奉正直神的牌位，祂與前文提及福德正神祠裡的正直神關係為何，還需要更進一步的探索。

（四）祭祀活動

綠公祠於每月農曆16日舉行誦經祭拜，會選這天的原因是因為大多數的人在農曆16日拜土地公，在祭祀福德正神之餘，也會替綠公祠一起誦經祭拜。大願院廟方會在每年的農曆7月底舉辦大願院普度法會，每年農曆3月13日舉行萬應公祖聖誕拔度法會，在舉辦法會的時候，也會請歌仔戲團演出，有時則是會放映電影。

圖132 銀爐已被封起

圖133 水泥所砌大型銀爐

圖134　綠公祠後方小徑的萬應公媽祠

五、結語

　　我們雖然努力尋找三座廟宇之間的共通之處，但其中的共同主題仍然不是很明確，我們試著與廟宇進行超時空對話的過程中，遇到很多困難，可說是道阻且長。三聖公廟是我們第一間進行田調的廟宇，就遇到非常極端的無人知曉的情況，該廟廟旁有廣濟宮、鳳山寺等大廟，但這些廟宇的執事人員對於三聖公廟的情況也是一無所知，在鄰近三聖公廟的亭子裡下棋的居民亦然，使田調一度陷入僵局。我們試著改從政府登記的資料中聯繫負責人，但是電話撥打後接聽的人員也實屬無關。在中研院的「文化資源地理資訊系統」中，上一次田調時間為八年前，相關的資訊已經有所模糊。

　　第二間廟聖公媽廟，則是遇見了廟公生病，剛剛做完手

術，無法接受我們訪問的情形。我們嘗試聯繫廟公的兒子，但因為他對廟裡的事情較不熟悉，因此也沒有給我們太多的資訊。

至於綠公祠方面，我們找到大願院中資深的吳保男團長，但是他平日的工作重心在大願院，加之年事已高，對於綠公祠的廟史沒有太詳細的說明，而大願院的工作人員對於綠公祠的歷史也不清楚。

通過這三間廟的田調，我們意識到三間廟的廟史正在不斷消逝當中，田調工作實則刻不容緩。三聖公的廟史已接近一片空白；聖公媽廟廟公一旦凋零，那廟史也會出現斷層；僅有吳團長一人口述的綠公祠廟史，也有保存上的危機。

雖然我們遇見了很多困難，但為了盡可能地多保留各間廟的廟史，我們想盡辦法努力克服。例如，我們曾到各個廟所在的里長辦公室尋找線索，像是旗津上竹里的陳建志里長就非常的熱情，甚至自己騎車帶領我們去尋找相關人士。我們也常到廟裡看看，有一次我們吃完飯沒事，便決定去學校附近的聖公媽廟看看，多次田調以來，我們都未曾遇到廟裡有人的情形。這次我們竟然遇見兩位婆婆在疊金紙，她們告訴我們，每個月的初一和十五，她們都會來折金紙燒給神明，希望聖公聖媽能夠早日轉為正神。

我們在田調的過程，雖然遇見了很多困難，但也得到了許多陌生人的幫助，常讓我們莫名感動。最後感謝每一位協助我們田調的參與者，以及我們的斜槓廟公羅老師及助教！

祢是誰
從祭祀對象討論廟宇香火現況

林承翰、莊淑媄、郭貝琪、劉晉廷

一、前言

　　這是我們第一次修習「閩南民間文學與文化采風」課程，我們對於閩南文化與田野調查並不熟悉，因此在選擇田調廟宇時並沒有特定的方向，而是選擇我們覺得比較有特色的三間廟宇進行調查，並梳理出其中異同，以助未來有緣看見此報導者，能夠從此獲得一些啟發，也希望讀者能夠親至廟宇參拜，更進一步了解這獨特的信仰文化。

二、林園北極殿靈聖堂

（一）建廟緣由

　　在民國47年（1958），金門八二三砲戰時期，一位名叫陳文良的村民從軍，卻在炮戰當中以身殉職、壯烈犧牲，而後託夢給隔壁村一同從軍的好友，希望能夠在其退伍的時候，回到村

圖135 北極殿靈聖堂

中建廟祭祀祂。回到村中後，經由同鄉境主廟廣應廟謝府王公的薦引下，玉旨頒神號「陳府元帥」，並雕塑金身，隨護玄天上帝麾下，保佑當地居民。初置於村中「董龍宮」，隨「董府千歲」一同扶鸞濟世。民國49年（1960），旨領堂號為「海善堂」，後來又移至村中樣仔林蔡族祖厝，初時由竹茅美耐板建立，故又稱「美耐堂」，奉祀「玄天上帝」，陪祀「吳府三千歲」。民國51年（1962），上蒼賜頒北極殿靈聖堂，59年（1970）於現址建廟，71年（1982）再建新廟，即為今日廟貌所見。[1]

圖136 民國60年（1971）全體堂生於靈聖堂舊址合影

圖137 民國60年（1971）全體堂生於新建的北極殿合影

圖138 民國97年（2008）吳府千歲進香留念

---

1 北極殿靈聖堂管理委員會：〈北極殿靈聖堂沿革〉碑記，2017年7月置。

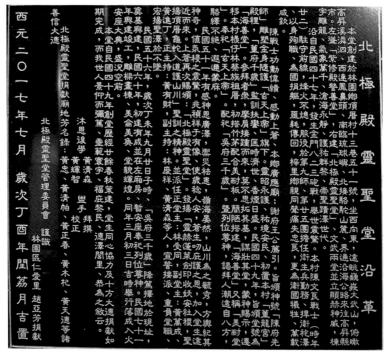

圖139 〈北極殿靈聖堂沿革〉碑記

圖140 爐主選舉用筊

圖141 北極殿靈聖堂開基爐

（二）祭祀對象

　　北極殿靈聖堂主祀神明為玄天上帝（又稱上帝公、真武大帝、北極大帝、黑帝等等），其形象為披髮跣足、左手握七星劍、右手結通天指印，右腳踏騰蛇、左腳踏卦龜，形象相當威

武。陪祀神明有觀音佛祖、廣澤尊王、玄天上帝、陳府千歲、
三府千歲、中壇元帥等。陳府千歲即為前文所提到的陳文良。

(三) 香火現況與信眾

　　北極殿靈聖堂於每年農曆3月3日玄天上帝聖誕舉辦祭祀
活動，包含一年一度的爐主頭家選舉、歌仔戲、播放電影等。
其餘時間則供居民參拜，陳府千歲曾經幫助信眾找回失竊的機
車，或是讓信徒兒子久病不好的病症消失等，可說相當靈驗。
信眾多半為當地居民，其餘為曾經聽聞陳府千歲之神蹟，或受
到陳府千歲恩典的民眾，從各地慕名而來。

三、哨船頭萬應公祠

(一) 建廟緣由

　　未知建廟年代，主
要祭祀萬應公，為紀念和
祭拜在海上或是山上死去
的孤魂野鬼而建立，廟宇
因附近大樓興建而搬遷，
並由一位九十五歲的老年
人，轉交由開臺福德宮鄭
鋒興主委管理，而後鄭主
委自掏腰包修繕萬應公
祠，如牽水電、雇用廟公

圖142　萬應公祠入口

上香等等。[2]

（二）廟宇概況與祭祀對象

　　萬應公祠以鐵皮搭建，屬
於無門戶的三面壁小祠，廟宇
相當簡陋，屋頂為一般鐵皮，
並無翹脊，亦無籤筒、光明燈
等供奉器具，僅有天公爐提供
給參拜民眾或是廟公上香。主
祀萬應公，祠內供桌上有一座
「萬應公神位」，萬應公神位旁
有關公及福德正神神像，神位
前有地藏王菩薩神像。

圖143　萬應公祠

（三）香火現況與信眾

　　平時除了辦歌仔戲以外幾乎不舉辦活動，僅廟公平日上
香，並於初一、十五準備水果祭拜，雖然據傳信眾有求必應且
問事皆靈驗，但由於性質較陰，因此香火並不鼎盛，甚至因為
位置偏僻，導致廟中器物遭到偷竊，因此祭祀器具與神像會收
起上鎖，只留下祭祀用的香與天公爐提供給前來參拜的民眾自
行取用。目前信眾數量較少，開臺福德宮林台福總幹事表示，
會到此廟上香的除了主委及他聘請的廟公之外，僅有偶爾經過
的附近居民，由於位處偏僻（甚至未出現在google地圖上），因

2　因為鄭主委平時工作繁忙，不便受訪，因此由開臺福德宮林台福總幹事代為
　受訪，根據林總幹事的描述，鄭主委本業是商人，偶爾會到廟裡看看。

此名氣也不盛，甚少外地民眾前來上香。

四、紅毛港正軍堂

（一）建廟緣由

　　二次世界大戰時期，紅毛
港洪永來與洪天命兩兄弟於旗后
外海捕魚時，拾獲三位日本軍
官屍骸（當時兩人仍不知骨骸身
分），起初兩兄弟將骨骸放置於
紅毛港萬應公祠，與其他屍骸一
同安置。然而，洪永來在日後捕
魚時遭遇諸多不順，去參拜觀音
菩薩後得觀音菩薩指示，此三位
軍官與萬應公祠其他陰神相處不

圖144 正軍堂外貌

和諧，決定興建廟宇獨立供奉三位日本軍官的骨骸。不過，僅
興建一茅草屋供奉骨骸，日本軍官日後又託夢，方才以水泥石
頭等建材，興建了水吉成公一廟，「水吉成公」是由朝鳳寺的觀
音菩薩賜名。日後隨著紅毛港遷村，水吉成公遷至現址，並且
在朝鳳寺觀音菩薩賜堂號後，改名為「正軍堂」。

（二）廟宇概況與祭祀對象

　　廟宇主體不大，大約6、7坪左右，建於大廟朝鳳寺旁，相
對屬於小廟。廟宇屬於有門的廟體，在有龍柱與翹脊的設計上
也未見馬虎，據受訪者表示，當初搬遷至此地時，水吉成公有

托夢告訴建築師想要的建築形式。建廟之初，洪家人花費許多心力興建廟宇，以免日軍亡魂再次託夢，才能安心祭祀。祭祀對象為三位日本軍官，即是廟中主祀的三位神像，無陪祀。

（三）香火現況及信眾

於每年農曆8月10日水吉成公聖誕時舉行祭祀，包含布袋戲等活動，有時會有還願的民眾請康樂隊來表演。每年農曆7月時舉辦普度，同時進行爐主（頭家）的選舉，原先由受

圖145 水吉成公像

訪者洪美燕小姐擔任，目前由洪氏家族內部成員輪流擔任。固定參拜者為洪氏家族成員，僅聘請一位廟公負責敬茶上香，不過由於正軍堂為開放性質，因此附近居民偶爾也會去參拜。農曆8月10日，水吉成公生日宴時，則吸引較多信徒前來請願或是還願。由於正軍堂供奉主體為水流公，又鄰近於港口，因此有些從事漁業的居民也會前來上香，以保佑平安。

五、三座廟宇的比較

（一）成神原因

　　哨船頭萬應公祠主要奉祀萬應公祖，主要是當地的無祀者，尚無其他神明薦舉，仍為較原始的陰廟信仰；紅毛港正軍堂則奉祀日本軍官水吉成公，由洪永來兄弟請示朝鳳寺觀音菩薩後賜名；林園北極殿靈聖堂則是因戰士陳文良，在廣應廟謝府王公的保舉下有了神號「陳府元帥」。

（二）信仰模式

　　哨船頭萬應公祠因其性質較陰且地處偏僻之故，除了他廟主委、廟公外，僅有偶爾經過的附近居民會參拜；紅毛港正軍堂則有洪氏家族固定參拜，也由於供奉主體為水流公，又鄰近於港口，有些從事漁業的居民會前來上香；林園北極殿靈聖堂則因為在玄天上帝麾下且屢傳神蹟，在當地香火鼎盛。

六、結語

　　本次田調三間廟宇有其共通之處，例如建廟緣由皆為祭祀已故者或無祀者，不管是壯烈犧牲的陳文良（靈聖堂），祭拜孤魂野鬼（哨船頭萬應公），或是供奉日軍遺骸（正軍堂），都不難發現其為亡魂所建立；而相異之處則在香火狀況，靈聖堂與正軍堂香火較為鼎盛，並定期舉辦祭祀活動，唯哨船頭萬應公廟性質較陰，位處偏僻，因此香火不旺，頗為寂寥。

　　本次報告小組成員皆來自不同科系，彼此陌生，但也因著

不同科系而有著不同觀點，從課堂討論到田野調查，都有很好的討論與合作。

逸聞與歷史的協奏
探討埤帝公與王曾公的沿革與信仰現況

王玟心、吳承瑾、葉家妤

一、前言

在臺灣，廟宇文化非常盛行，常有人說：「臺灣的廟甚至比便利商店多！」或許這一點都不誇張。在數量如此龐大的廟宇中，除了移墾時期帶來的原鄉神明（如：開漳聖王、三山國王等），以及替清廷弭平戰亂的義民爺，更多的是為了祭祀因天災、械鬥、疫疾等意外枉死，或無嗣、夭折死者們而建的祠廟。

這些祠廟通常規模不大，有些甚至收埋著骨骸，使人有種陰森的感覺，而這些祠堂也就是大眾俗稱的「陰廟」。對這些小祠，人們通常抱持著敬畏的心，不願多加接近，深怕邪魅作祟。

有位美國著名的怪奇小說家曾說過：「人類最古老而強烈的情緒，便是恐懼；而最古老最強烈的恐懼，便是對未知的恐懼。」[1] 因此，我們希冀能藉由實地探訪，去記錄這些逐漸被遺忘的故事。釐清未知後，或許便能用另外一種觀點及態度，去接觸並瞭解這些隨處可見的鄰居們。

二、田野調查所得廟宇故事

（一）尋訪鳳山王曾公廟故事

王曾公廟（如圖146）位於城隍廟旁，我們訪問的對象是城隍廟主委蔣運明先生（1957年生）。對於王曾公廟，主委的說法是：王曾公是反清復明的山賊首領，事蹟可見於《臺灣通史》。

1　原文為 "The oldest and strongest emotion of mankind is fear, and the oldest and strongest kind of fear is fear of the unknown."，筆者據 Lovecraft Howard Phillips, *Supernatural horror in literature*（New York：Dover Publications, 1973），p.12 翻譯。

在其行動失敗後，被懸首於芒果樹，當地人及手下感佩其生前重義，遂立碑紀念（如圖147）。在大家樂時期曾開出明牌，於是信眾捐款建廟，今日仍可見桌下的手轎、沙盤，但因城隍廟的八爺託夢禁止聚賭，因此已不再使用。在王曾公廟開不出明牌後，捐款減少，於是建廟過程一度中止，後來在城隍廟協助之下完成興建，並由城隍廟管理委員會代為管理，農曆8月20日聖誕時會舉行普度。

圖146 王曾公廟廟貌

圖147 王曾公神位

圖148 王曾公（中）、福德正神（左）、土地婆（右）

　　在訪問途中，曾有路過的阿嬤駐足參與我們的訪問，並說起我們在網路上看到的「血芒果」傳說，但隨即被主委否定，並澄清那是訛傳的消息，不足為信。

（二）尋訪鳳山埤帝公廟故事

　　埤帝公廟位於民宅中間，地點十分奇特，我們找到經營木炭店的現任主委蔡盛發先生（1981年生）訪談。主委表示：他曾詢問當地耆老得知：「埤帝公是守護大埤的存在，是為了避免更多生命殞落在大埤的守護神。」而原本廟內的石碑、木碑，皆因當地居民缺乏文化保存意識，老舊隨即汰換、丟棄，且經歷過兩次遷廟過程，現已不存。但奇妙的是：主委在考究埤帝

圖149 埤帝公神像（中）

公來歷時，曾不知在哪看到「觀音媽借埤水，埤水換來五穀豐，埤帝公建祠萬年朝拜」的詩句，不過之後想要再找相關資料時，卻又遍尋不著。

圖150　埤帝公神像

埤帝公由觀音薦舉為陽神，廟中除了正中央的埤帝公以外，左邊有觀音的神像，右邊是土地公，另外一尊濟公則只有扇子（如圖149）。廟中的香爐共三個，外面有一個天公爐，裡面則有兩個香爐，分別是埤帝公以及祂的士兵、將領們的香爐。每年農曆8月20日聖誕，信眾們總是絡繹不絕。廟方也皆會舉辦活動來慶祝，例如請「明華園歌仔戲團」表演。

關於埤帝公的事蹟不勝枚舉，我們在主委的招待下邊吃點心邊聽了很多奇聞趣事，例如：在晉升陽廟的過程中，埤帝公的香爐發爐，主委抱持懷疑態度將爐清空，但仍持續發爐。另外，在地位晉升時所用的那副筊，已經有三次徛桮（khiā-pue）的情形發生，後來經埤帝公指示，若非國家大事不得用此副筊，因此現已收起來。主委為了還願，替埤帝公打造金身（如圖150），過程中原想一切從簡，沒想到年邁退休的雕刻師傅

卻異常地精神飽滿，幾乎不眠不休雕刻完成，還將原本的埠「底」公改為埠「帝」公（如圖151、152），最後將此字做成了可替換式。特別的是，這尊神像不同於常見手持元寶的形象，而是以「一手持筆，一手持珠」的樣貌雕刻。此外，還有有趣的軼事，曾有鄰居因為埠帝公的香爐佔據通道，影響車輛出入，而提出遷移香爐一事，卻在講完之後渾身不舒服，無論看中醫、西醫都檢查不出個所以然，直到他不再提出遷移香爐的要求，身體便不藥而癒了。

圖151　神像「底」字更換成「帝」字

圖152　玉旨牌為「帝」字，牌位上仍是「底」字

三、由埠帝公故事發想圖文式RPG遊戲

　　當初之所以會開始這樣的發想，是因為我們認為：相較於年長者對於生活環境的親密，青年們往往忽視了周遭這些與自身毫不相干、不起眼的小廟。因此，我們期待能用比較有趣的方式，搭起年輕人與廟宇文化間斷層的橋樑。

　　在決定受眾之後，我們便開始尋找前輩們推廣文創的方法。

其中，有幾項十分地符合我們的期待，像是桌遊、RPG（Role-playing game）等，而為了方便傳播，我們決定以大部分年輕人都會使用的社群軟體「Instagram」作為媒介。成果上，我們使用簡單的插圖配上文字，藉由IG在照片中標注其他帳號的功能進

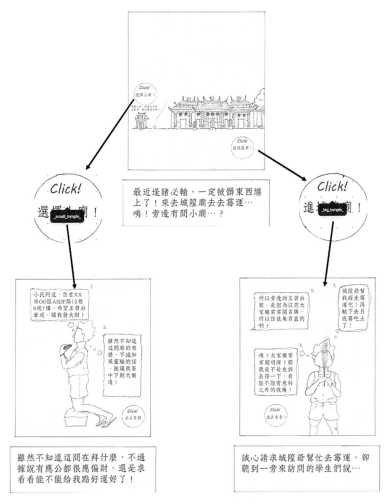

圖153 RPG遊玩示意圖

行連結，使得觀眾們可以根據選擇，去遭遇不同的劇情。（如圖153）

四、結語

　　在「閩南民間文學與文化采風」課程中，景文老師花費了許多時間與心力，將自己田野調查經歷的酸、甜、苦、辣傾囊相授，使我們在實際進行田野調查時，有了足夠的認知與心理準備。

　　我們在田調的過程中，選定位於鳳山的兩間小廟做為探討的目標，分別是「王曾公廟」以及「鳳邑埤帝公」。很幸運的，一路上獲得許多貴人的幫助，再加上老師給予的建議與事前準備，讓我們的田調作業能夠事半功倍，使得我們有充裕的時間去發想最後的成果。

　　在考量了現代人使用社群軟體的習慣後，我們決定以「圖文式 RPG」的方式作為成果，期望能將廟宇的探訪結果，用較新穎、有趣的傳播方式，傳遞給更多年輕族群，連接世代間廟宇文化的斷層。

圖154 王曾公 IG 連結

圖155 埤帝公 IG 連結

落日餘暉
高雄終戰前後將士成神信仰及影像記錄

張嘉和、黃仲緯、黃映潔

一、前言

（一）創作動機

我們起初選定主題時，希望能以較創新的方式呈現，在一番討論之後，最後決定以攝影集結合歷史敘述和影像紀錄。過往人們對陰廟有著較負面的印象，故本次作品嘗試以近距離的拍攝及多變的色調呈現，透過鏡頭扭轉讀者的印象，期許能改變讀者看待陰廟的角度，並為陰廟帶來有別以往的色彩。

本次作品以高雄地區「二戰」相關廟宇為主要研究方向，介紹左營震洋神社、自助新村徐家軍魂塚、鳳山正軍堂、鳳山保安堂、大寮天兵忠靈祠等廟宇，一窺這些因戰爭犧牲的英雄們背後的歷史。

（二）命名原因

我們在擬定作品名稱《落日餘暉》時，是以日本的「日」字做為主要發想，並融合太陽的意象，表示二戰時期的官兵將領已離開人世，猶如夕陽沉入海中，消失在地平線，但祂們的英靈仍如同落日的餘暉般映照著大地的寓意。雖其光芒不像太陽神般耀眼，但仍默默的在發光，靜靜地庇佑著世間黎民。

（三）攝影理念

作品中，我們針對寺廟的建築及神像進行細部拍攝，雖同為二戰終止前後建立的廟宇，卻風格迥異；正軍堂主要風格為中式建築，並以紅色作為主要色系、保安堂為藍白色系的日式建築，並融合燈籠、浮世繪（如富士山、歌舞藝妓⋯⋯等）元

圖156 《落日餘暉》封面以軍人頭像及相關影像呈現

素、天兵忠靈祠堂前的紅色牌樓為最大亮點。故本次攝影集收錄各廟宇的特色，以呈現出多樣形象。

作品中欲以鮮明的色彩表達廟宇是人們凝聚信仰、寄予冀望之所在，並穿插數張黑白色調的作品。黑白照片除了點出先人於戰爭中面對的時局動亂和顛沛流離的哀傷，也暗暗指出世人避陰廟而遠之的誤解。故作品中透過色彩的對比、數目的差異、角度的改變，進而達成扭轉陰廟形象的初衷。

二、各廟宇介紹

此次研究之案例，依照年代排序以下順序：

（一）左營震洋神社 & 徐家軍魂塚（西元 1944 年、1956 年）

震洋神社是在左營自助新村發現的日本神社遺址，位於舊

台灣百年歷史地圖 高雄市舊航照影像（1945）

圖157 透過臺灣百年歷史地圖呈現震洋神社位置

城城牆上方。經舊城文化協會學者調查後，證實該址為日本海軍第二十震洋特別攻擊隊「薄部隊」的基地營內神社。[1] 日本神社依功能分為多種類型，而營內神社一般指軍校及部隊衛戍地內的神社。提及日本軍特攻隊，多數人的印象僅有日本空軍的神風特攻隊。而震洋特攻隊的概念與之相同，皆為自殺式攻擊的部隊。震洋神社建立於昭和33年（1944），其功能為祈求軍隊武運長久及祭祀殉職者。遺址發現時僅剩下神社本壇基座、手水鉢、參道等。然而，在我們進行實地田調時，該地已規劃為國家用地，故無法親至神社遺址進行拍攝，僅能以Google Map的街景功能作為輔助，並搭配臺灣百年歷史地圖中的航拍圖大

---

1 郭吉清、廖德宗：〈【書摘】左營二戰祕史──震洋特攻隊駐臺始末〉，《想想論壇》，2018年8月29日發表，網址：https://www.thinkingtaiwan.com/content/7151，最後讀取日期：2020年5月26日。日本薄部隊自1944年12月22日到隔年9月，在左營舊城內秘密駐紮了約十個月，震洋神社便為該基地營內神社。

本殿基座

圖158 震洋神社本殿基座

徐家軍魂塚

日本海軍左營基地在終戰後改為西自助新村。1949年，徐姓上尉家整修房屋時，挖到9具日軍骨骸，於是建軍魂塚祭拜。

2010年徐家搬離後，軍魂塚被夷為平地，遺跡埋於西門砲臺地下。拆除後將魂魄引往舊城鳳邑城隍廟，軍魂歸依為城隍慈護衛。

郭吉清‧廖德宗著《左營二戰密史》

圖159 西自助新村內之徐家軍魂塚

略標示神社遺址所在處。[2] 根據郭吉清、廖德宗《左營二戰祕史》提到：

2　引用自臺灣百年歷史地圖，網址：http://gissrv4.sinica.edu.tw/gis/kaohsiung.aspx，最後讀取日期：2020 年 5 月 26 日。

第一艇隊搭乘員吉岡正夫在終戰回憶錄中寫道：離開基地前，我們先行燒毀了營舍後面，城牆上方的「震洋神社」。[3]

二次大戰終戰後，日軍基地原址改為眷村「西自助新村」。民國45年（1956），其中一戶徐姓上尉家整修房屋時，挖到九具日軍骨骸，徐姓上尉於是建軍魂塚祭拜這些骨骸。然而根據日本軍方所記載的死亡人數資料中，其數據與徐家所發現的數字不相符，故軍魂塚所祭拜的對象身分至今仍無法確定。

據聞民國99年（2010）徐家搬離後，軍魂塚被夷為平地，遺跡被埋於西門砲臺地下。道士們在打破軍魂塚石碑後，將軍魂牽引至埤子頭街上的城隍廟安奉，[4] 現今眷村住戶已全數遷村，本組組員前往左營城隍廟欲訪問廟中工作人員關於軍魂塚的相關事蹟。不過廟祝及廟內工作人員皆表示不知情、並沒有這件事。後詢問左營舊城文化協會，得知由道士將軍魂引至城隍廟，經道士稟告城隍爺後，軍魂歸依為城隍爺護衛，但因這些骨骸不具神格，所以未另立牌位。統整相關資訊後推論，應是道士向城隍爺稟告，求得聖筊後便視為完成儀式，城隍廟廟方並不知悉相關事情。

---

3 郭吉清、廖德宗：《左營二戰祕史——震洋特攻隊駐臺始末》（高雄：高雄市政府文化局，2018年8月），頁167。

4 郭吉清、廖德宗：〈防空洞「不得據為已有」——自助新村眷戶的生活回憶〉，《The News Lens》，2018年9月23日發表，網址：https://www.thenewslens.com/article/104270，最後讀取日期：2020年5月26日。

正軍堂

1944年，日本軍運送遺體的軍艦遭美軍空襲，遺體漂流海上。由漁民洪永來及洪天命，在旗后外海捕魚拾獲三具骨骸。起初以竹板屋供奉，半年後建小廟，並由朝鳳寺觀音佛祖賜名水吉成公。

2018年紅毛港遷村，正軍堂落成。因當時拾獲骨骸的漁民爲現任朝鳳寺副主委洪啓宗先生的父親與二伯，便將正軍堂建於朝鳳寺後方以方便管理。

圖160　正軍堂正面照及其歷史

水吉成公——

海上開啓的相遇，水上結下的吉緣

圖161　水吉成公神像

（二）鳳山正軍堂（西元1946年）

民國35年（1946）戰爭結束後，日本軍運送遺體的軍艦遭美軍空襲，船隻毀壞後遺體漂流海上。由漁民洪永來及洪天命，在旗后外海捕魚拾獲三具骨骸。洪永來及洪天命起初以竹板

圖162 以黑白、彩色照片對比水吉成公神像

屋供奉三具骨骸，因其相當靈驗，且曾託夢兩位漁民表示希望建廟，故在半年後，兩位漁民便為骨骸建小廟供大眾朝拜。後由朝鳳寺觀音佛祖賜名三具骨骸「水吉成公」，因為在海上相遇，且結緣的「結」字與「吉」字閩南語音相似，故以「水吉成公」表示是一段在海上相遇所結的吉緣。

　　直至民國107年（2018）紅毛港遷村，正軍堂落成。因當時拾獲骨骸的兩位漁民為現任朝鳳寺副主委洪啟宗先生的父親與二伯，副主委洪啟宗先生便將正軍堂建於朝鳳寺後方以方便管理。

（三）鳳山保安堂（西元1946年）

　　民國35年（1946），紅毛港漁民至外海捕魚時撈獲一頭顱，漁民們便將頭顱祀奉於草寮，是為海府。然而，村民們卻對海府生前的身分一無所知。直到民國56年（1967），政府徵收紅毛港土地闢建第二港口，而工地正位於海府的草寮旁。海府託夢

保安堂

1946年，紅毛港漁民捕魚撈獲一頭顱，便祀奉於草寮，是為海府，但不知其身分。1967年，紅毛港闢第二港，工地於海府草寮旁，海府託夢工地內一日本工程師，要求建廟。後有漁民起乩表示其為日本海軍逢38號哟戒艇艦長，高田又男，亡於太平洋戰爭。保安堂內供奉的三尊神明分別為：海府大元帥、郭府千歲，以及宗府元帥。

圖163　保安堂廟貌及其歷史

英靈返鄉

2018年，海府大元帥指示舉辦海上招魂會，將其他陣亡官兵引靈回保安堂。後全艦145人皆入祀靖國神社，高田又男艦長晉升少佐。

圖164　艦長指揮刀

工地內一名日本工程師，要求以500包水泥建廟。而後有一名不會說日文的漁民起乩表示，其為第38號軍艦艦長，亡於太平洋戰爭。直到民國107年（2018），海府指示舉行海上招魂法會，將其他英靈引回保安堂供奉，自此才確認海府大元帥為日本海

圖165 縮小版之第三十八號軍艦

圖166 保安堂內賽錢箱

軍《蓬38號哨戒艇》艦長高田又男（？-1944）。依據史料，高田又男所指揮的船艦在前往馬尼拉的路上遭美軍潛艇以魚雷襲擊，全艦145名官兵皆身亡。同年，保安堂與日方聯絡並組成「英靈返鄉團」，才得以將145位英靈送返日本靖國神社，光榮返鄉。現今保安堂內供奉的三尊神明分別為：海府大元帥、郭府千

圖167　海府大元帥神像

歲，以及宗府元帥，並保有濃厚的日式色彩。

（四）大寮天兵忠靈祠（西元 1987 年）

　　天兵忠靈祠為大寮眷村一影劇七村中的傘兵忠烈祠。民國
74 年（1985）時，上尉退伍的艾管寧在處理某老傘兵後事時，
意外發現老傘兵家中有一罈黃金，經過艾管寧與退伍同袍間討
論，最後他們決定建造祭祀傘兵的祠廟。祠堂中除記錄傘兵歷
史，也將老傘兵遺骨收容於祠中。並在建祠紀念文中提及：

> 我等垂垂老去，為將此盡忠事蹟留存，以激發後代子孫，
> 實應設祠紀念，祀奉　烈士　忠魂，並使一生忠貞之士，
> 身後有立錐之地。[5]

5　參考自維基百科〈天兵忠靈祠〉歷史條目記述內容，網址：https://zh.wiki
　　pedia.org/wiki/%E5%A4%A9%E5%85%B5%E5%BF%A0%E9%9D%88%E7%A5
　　%A0，最後讀取日期：2020 年 5 月 28 日。

天兵忠靈祠

1985年時，在上尉退伍的艾管寧處理某老傘兵後事時，意外發現其家中有一罈黃金，經過退伍同袍間討論，決定建造祭祀傘兵的祠廟。除記錄傘兵歷史，也將老傘兵遺骨收容於祠中。

忠肝定膽同懍懍分兵心海隔青祠　洪開志風蕭蕭分瑩血沙孃留青史

大忠靈祠　忠兵靈祠

圖168 天兵忠靈祠正面照及其歷史

烈士忠魂

我等垂垂老去，為將此盡忠事蹟留存，以激發後代子孫，實應設祠紀念，祀奉烈士忠魂，並使一生忠貞之士，身後有立錐之地。

——《天兵忠靈祠 建祠紀念文》

傘兵之根
1944

圖169 建祠紀念文

　　天兵忠靈祠與其他陰廟較不同的地方是，忠靈祠的性質不是廟宇，而是偏向傘兵的納骨塔。故平日不會像廟宇中有信眾前往祭拜或祈求平安，僅有在特定節日才會有家屬祭拜，以及國軍的合作單位前往打掃。

圖170　天兵忠靈祠牌樓

圖171　《落日餘暉》封底以黑白方式呈現所調查之廟宇

三、結語

　　本次成果作品概括了高雄地區數間於二戰終止前後建立的廟宇，從日治時期至二戰結束，由日方撤離臺灣至國民政府抵

臺。在探討廟宇過去的成立背景外，也記錄其隨著歷史洪流一路演變至今的過程。我們在擬定作品主題時幾經波折，起初受大寮日本將軍廟啟發，並結合鳳山保安堂及正軍堂，規劃以「在高雄的日本神」作為研究方向。不料大寮日本將軍廟已拆除，無法進一步研究。而後我們又納入大寮天兵忠靈祠，並將研究方向改為與「戰爭」和「軍人」相關的廟宇。在尋找研究案例過程中，幸運地發現左營震洋神社及徐家軍魂塚的相關文獻。統整各廟宇歷史沿革後，決定以「二戰後期至終戰後」為確定主題。

　　平時因鮮少涉略民間信仰及戰爭歷史領域，透過此次課程發掘了許多田野間不為人知的故事，因此啟發了濃厚的興趣。雖然課程已經結束，仍希望未來有機會能繼續朝這個方向努力，紀錄更多鮮為人知的故事。

繪聲繪影

你不可不知的將軍廟宇故事

張絜貽、許育寧、謝佳純、林玟慧

一、前言

（一）選擇理由

每一間廟宇所祭祀的對象不盡相同，或許是因緣際會來到臺灣的外國神祇；或許是在當地建立功績、成功守護居民的將士；也或許是意外遭遇不測，但受當地居民祭祀而得以安息的英靈。

我們之所以選擇高雄各區之將軍廟宇作為主題的原因，在於我們想要深入瞭解將軍們在成神之前所不為人知的故事。藉由我們田野調查實地訪問在地的居民，以及廟宇相關工作人員，將這些傳奇故事用文字一點一滴地記錄下來，讓這臺灣獨特的傳統文化能夠繼續流傳下去。

（二）前導介紹

我們前往「鳳山保安堂」、「鳥松大將廟」，以及「仁武西安堂」等三間廟宇進行田野調查。首先，是位於高雄鳳山區的保安堂，為祭祀日本軍艦艦長之廟宇，其主祀神為「海府元帥」，即是日本蓬38號艦艦長「高田又男」（?-1944）；其次，是位於鳥松區的大將廟，奉祀平定清朝朱一貴事件的功臣「陳元大將軍」；再次，是仁武區烏林里的西安堂，為清朝時期平定鳳山縣之民亂的大將──出軍元帥，又被稱作「出軍公」或「騎馬官」。以下著眼於此三間廟宇以及這三位將軍，分別說明其背後的傳說故事與不為人知的英勇事蹟。

圖172　保安堂廟貌

二、鳳山保安堂的廟宇故事與繪本內容

（一）建廟沿革

　　保安堂的由來，據說是在日本大正十二年（1923）時，紅毛港漁民在海上作業時撈到人的腿骨，漁民們將之帶回岸上並建竹寮供奉。該竹寮即是保安堂的前身，當時所供奉的即是「郭府」（又稱郭聖公、郭府元帥）。而宗府元帥的來歷則是當地一位陳姓村民，因死後無親人處理後事，遂託夢鄰人，之後由村民將之安葬於保安堂。《戀戀紅毛港──寺廟建築與信仰》另有一說，說在日大正十二年（1923）時，蘇姓人家為祭拜「地基主」而搭建竹寮奉祀「宗府」，並命名為「保安宮」，此為保安堂前身。[1]

1　朱秀芳：《戀戀紅毛港──寺廟建築與信仰》（高雄：高雄市政府文化局，

　　第二次世界大戰後，於民國35年（1946）左右，紅毛港漁民在海上撈獲一顆頭顱，漁民亦帶回保安堂供奉，是為「海府」。之後先有「海府」託夢給廟方人員，後有原先不會日語的乩童用日語交代「海府」的來歷，說明「海府」是太平洋戰爭中陣亡的日本第38號軍艦艦長。後來據說海府大元帥曾下指示，欲前往琉球護國神社參拜「日本海軍戰歿者慰靈塔」，於是信徒乃於民國79年（1990）8月造訪琉球。日後信徒們於民國80年（1991）請哈瑪星船匠黃秀世，打造縮小版的軍艦以祭祀海府大元帥。據說船匠在製作軍艦的途中，海府屢屢託夢給船匠，要求上面的士兵、器具等物都必須確實復刻，須與「38號軍艦」一致。

　　後來紅毛港遷村至鳳山，當地居民亦將保安堂遷至現址，並於民國102年（2013）12月29日進行謝土安座大典。

（二）繪本內容

繪本設計構想：

　　繪本保安堂首頁以線稿與原圖交疊方式繪成，既可見到原圖中的色彩，卻不失手繪創作的彈性隨筆，讓本來繁瑣複雜的廟宇結構，添上一筆活潑的色彩。

圖173 以線稿與原圖交疊繪製保安堂

2008年4月），頁62。

繪本文字內容：

　　1945 年，第二次世界大戰尾聲，菲律賓發生馬尼拉大屠殺，死傷慘重，日本政府派遣蓬 38 號軍艦從高雄前往救援，不料，在航行的路途中……

圖174　蓬38號軍艦出航執行任務

繪本設計構想：

　　此發想是以蓬 38 號軍艦為創作原型，象徵其從高雄左營出海執行救援任務的場景。圖中一片柔和的景象，沒想到竟意外成為蓬 38 號軍艦最後的身影。

　　（※ 此為想像創作繪本，並非真實場景，以下同。）

繪本文字內容：

　　咻—砰—

　　兩顆魚雷突如其來的打中蓬 38 號軍艦，原來是偷偷埋伏在巴士海峽的美軍！艦長高田又男見情勢不對，想挽救軍艦，可是船隻卻開始傾斜、

圖175　蓬38號軍艦遭魚雷擊沉

下沉，艦長及 145 位官兵相繼罹難。

繪本設計構想：

　　根據文獻記載，蓬 38 號軍艦在從菲律賓返航的途中，美軍的魚雷從船身的兩側擊中船隻，最終造成全艦 145 位官兵殉難。此圖即是想表達當時船隻遭擊沉的場景。

繪本文字內容：

為了紀念高田又男艦長為國犧牲，興建一座供奉日本神的廟宇，同時也透過海上招魂，喚回其餘 145 位英靈，希望祂們香火不斷，能保佑在地居民永遠平安！

圖176 繪本中的保安堂廟貌及周遭白色燈籠

繪本設計構想：

圖中的白色燈籠，是為了還原廟宇旁的燈籠牆場景，每個燈籠上都寫有一位日本將士的姓名，總共 145 盞燈籠，此即象徵在海上引魂後，艦上 145 位英靈一同供奉於保安堂之意義。

三、鳥松大將廟的廟宇故事與繪本內容

（一）建廟沿革（節選）

大將軍（俗稱大將爺公），姓陳名元（?-1721），生於福建。清康熙 60 年（1721）春，奉派任臺南府左營千總之職。是年逢朱一貴（1690-1722），杜君英（1667-1721）及各地起兵立旗反抗，攻克岡山及下淡水。適時鳳山南路參將周應龍（生卒年不詳）告急，希望陳千總率兵救援。當陳千總率領援兵從楠梓坑行至赤山仔時，朱一貴及杜君英等人已佈下了埋伏，又當時赤山仔郊道樹木雜草叢生，雙方展開一場混戰。陳千總奮勇力敵，在混戰中不幸身被長刀刺殺，為國犧牲而陣亡。遇難時為五月初三日申時。因亡於赤山仔，而英靈常顯保佑庄民，附近庄民為感念陳千總為國盡忠而捐軀，並籌資建廟。因年久失修，祠

圖177 大將廟廟貌

廟頹倒，後於民國70
年（1981）重建「大將
廟」。71年（1982）農
曆10月24日入火安
座。77年（1988）在
廟中創立鸞堂以渡眾
生。[2]

圖178 〈大將廟沿革記〉

2 參考自鳥松大將廟：〈大
將廟沿革記〉，1990年9
月25日。

(二)繪本內容

繪本設計構想:

繪本大將廟首頁,以線稿與原圖對比的形式來呈現,希望能夠以敬畏但又不過於嚴肅的方式,展現大將廟的特色。

圖179 以線稿與原圖對比呈現大將廟

繪本文字內容:

鴨母王朱一貴結夥各地反清復明的抗軍,竟然攻下岡山、鳳山舊城和下淡水溪,與清朝軍隊的正面對決!

繪本設計構想:

繪本圖片素材的選用,是發想自有「鴨母王」之稱的

圖180 以鴨子與農民象徵朱一貴事變

朱一貴,因而將鴨子與農民抗軍之圖像並陳。

繪本文字內容:

清朝政府派遣陳元將軍率兵前往救援,希望能平定這場反抗,不料反遭抗軍埋伏,兩方展開一場混亂,隨後陳元將軍被包圍,不幸身遭長刀刺傷,為國捐軀。

圖181 以剪影呈現陳元將軍英姿

繪本設計構想：

藉由黑色的剪影，搭配昏黃的沙場之景，用以揣摩陳元將軍當時以英勇援軍之姿，連夜趕忙至沙場的場景。

繪本文字內容：

陳元將軍遇難後，常在赤山仔一帶顯靈，保佑庄民，庄民十分感謝陳大將軍的忠勇，發起籌資建「大將廟」，主祀陳元將軍英靈，尊稱為「大將爺公」。

圖182　描摹大將廟周遭環境

繪本設計構想：

我們描繪大將廟及廟後的涼亭，藉此重現鳥松大將廟周遭之景象。

四、仁武西安堂的廟宇故事與繪本內容

(一)建廟沿革

人人稱的「騎馬官」是鳳山縣觀音山駐軍的把總大人，令人津津樂道的是他武術高強、氣魄好，面對匪徒總是一馬當先拚到底，和當時被形容為「會食匆會相爭，遇著匪徒溜在先」的駐地班兵相比，「騎馬官」則成為百姓心目中的好漢。

由於貪官惡吏當道，民怨四起，匪類之徒趁機教唆起事，百姓皆變逆民，圍攻埤仔頭（今鳳山市）的縣城，逆民聲勢浩大，護城官竹幾乎被剷平，城門被焚，縣城岌岌可危，幸虧有

圖183 西安堂廟貌

義民相助、各路營軍馬馳援，才解除城陷危機。

　　「騎馬官」就是此時帶領觀音山五、六十名駐軍來救援，經過十數日攻防，數十回合的激戰，烏合之眾的匪徒與逆民終究敗陣潰退。城內官軍研議，有人贊成窮寇莫追，有人提議乘勝追擊，莫讓餘逆蔓延或搶掠城外村庄。

　　最後決議，由年輕的「騎馬官」奉令做先鋒，帶領百名班兵出軍追剿。「騎馬官」沿路殲滅小匪群，一直到進入觀音山區，官兵遭遇匪群埋伏，「騎馬官」身中數支金勾箭，依然沖鋒陷陣、揮刀殺敵，所乘之馬中箭倒地，「騎馬官」仍徒步再戰匪群，他帶領的班兵，死的死、逃的逃，只剩「騎馬官」孤軍奮戰，匪群領教過他的武功，無人敢近身，只是遠遠尾隨，伺機放箭，而後「騎馬官」不幸接連受多處箭傷，只好且戰且退，步履蹣跚，退至離烏材林庄、林家茨一里許的下坡段，「騎馬官」終於不支，正手彎刀撐地，單膝跪地，回首怒視匪群，雙目未闔，氣斷身亡，一位好漢、好官難逃悲情命運。

數個月之後，民亂始平，但是離烏材林庄、林家茨一里許的下坡處，卻是怪事連連，種種靈異事件不斷發生，讓庄民困惑不安。庄民問神解惑，始知靈異事件，起因於數月前在該處戰亡的「騎馬官」，其遊魂在捉弄此地居民。

「騎馬官」自認在生之時忠直、正氣，護鄉衛民，為何下場竟然是命喪他鄉，成為無主孤魂，祂帶著不甘願與憂傷，徬徨遊蕩在陰陽兩界，既食不到人間煙火，也無法升天、轉世，才會肆無忌憚，發洩滿腹不平的怨氣。

角宿庄媽祖娘娘出面向「騎馬官」訓示：「念你在生之時也是君子、好漢，魂斷他鄉是前世業障，庄民對你真感念，不該將生前所修功德化為烏有，應當要更加修功造德，修造法力驅邪護境，服務眾生，上帝公也慷慨應允，祂有的，祢也有，絕不虧待。」角宿媽一語點醒迷惘魂。

果然，靈異怪事不再發生，烏材林庄民也在「騎馬官」成仁的所在建一間小廟，號名「出軍公」。人講有燒香有保庇，「出軍公」會藉發爐出示：庄頭有火災、庄尾有賊害、土匪何時來，庄民也因為「出軍公」預先指點，往往大事化小，小事化無。[3]

（二）繪本內容
繪本設計構想：

仁武西安堂的首頁部分，以手繪線稿搭配原圖作為設計，

3　筆者以受訪者林文斌里長口述故事，及其所提供的《仁武鄉志》之西安堂「出軍公」傳奇故事，整理而成此段建廟沿革。採訪地點與日期：仁武區西安堂，2020年6月21日。沈英章等纂修：《仁武鄉志》（高雄：高雄縣仁武鄉公所，2009年12月），頁358-359。

一方面是為了呼應繪本主旨「廟宇給人的印象都是敬畏的嗎？」藉此希望讀者能夠更貼近廟宇，看見廟宇與生活親近的樣貌；而另一方面，則是希望透過手繪的部分，讓讀者看見我們對繪本的用心，同時也呈現出活潑的風格。

圖184 以線稿搭配原圖繪製西安堂

繪本文字內容：

　　相傳清朝的某個年間，貪官惡吏當道，民怨四起，原本善良的百姓都紛紛起義，不斷發生廝殺、械鬥的情形，這時，便需要有一位英勇的人跳出來解救……

繪本設計構想：

　　我們透過描繪村莊的背景和械鬥的人群，來顯現當時社會上械鬥及廝殺頻傳的樣貌。

圖185 呈現械鬥頻傳的樣貌

繪本文字內容：

　　這時，一位優秀的騎馬官出現，能夠暴除安良、維

圖186 模擬騎馬官的英勇形象

持治安，他連夜乘勝追擊，不斷揮刀殺敵，為的是保護全村村民的安全。

繪本設計構想：

以一位騎著馬的將士圖像，代表當時騎馬官的出現，其英勇之形象，烙印於村民心中。

繪本文字內容：

沒想到，騎馬官在作戰的最後，不幸身中數箭，終究支撐不住而倒地，正手彎刀撐地而死。

繪本設計構想：

圖187 呈現騎馬官身亡撐地之英姿

我們利用全黑的背景，顯示出沉重且黑暗的歷史樣貌，並且突出騎馬官最後撐地而死之英姿。

繪本文字內容：

烏林里居民為了感謝「騎馬官」的為國捐軀，在祂得道之處建立小廟，號名「出軍公」，里民也會透過「出軍公」的指示，往往大事化小，小事化無，只要有燒香便有保佑。

圖188 繪製西安堂及周遭環境

繪本設計構想：

將烏林國小透過背景淡化的功能，凸顯出前方的西安堂，呈

現出其相對位置。同時也藉此顯示出廟宇與里民生活之貼近。

五、結語

我們這次田野調查的廟宇為「鳳山保安堂」、「鳥松大將廟」、「仁武西安堂」，三間皆為與將軍有關的廟宇，其中的不同之處在於鳳山保安堂祭祀對象為二戰時期的日本軍官；後二者則為當時清國派兵至臺灣的將士。在田調的過程中，我們從廟宇的沿革與當地人的口中，得知每間廟背後的故事，與每位將軍的犧牲和貢獻，也可以從中看見臺灣人對於這些忠勇將軍的重視。

此次田野調查，過程中有許多意外的插曲與收穫，讓我們理解到一次成功的田調，不光要做足事前準備功課，更要有天時地利的完美配合，才能圓滿進行。其中最令人難忘的便是初次田調的「雨神同行」了，雖然過程十分狼狽，但看到最終豐碩的調查成果，一切辛苦總算有所回報，可謂「守得雲開見月明」了！

除此之外，在這次田調過程中，最感謝的莫過於提供給我們協助的廟方，以及整學期為我們奔波的景文老師及助教，在我們研究的過程中，皆耐心的替我們解答，亦給予我們實質上的幫助，例如瞭解田調的禁忌、該避諱的事項等等，讓首次接觸文史工作的我們，能夠更加得心應手、漸入佳境。

對於文史記錄工作而言，其研究價值在於能使更多人知道祂們的歷史故事，將先民的足跡世世代代的傳承下去，讓大家明白廟宇並非只是肅穆而不可接近的，只要秉持著一顆虔誠莊重的心，將能深入其中，體會每一個充滿色彩的故事。

共同的記憶

男女孤魂共有的記憶儲庫

蔡宗豪、許雅婷、臧紫涵、陳蔚

一、前言

　　在「閩南民間文學與文化采風」這堂課上，我們透過親身的田野調查，探訪了四間廟的歷史故事，對高雄的在地文化有了不同的見解與體認；同時也深刻地體會到田調人在走訪中，實際會遇到的瓶頸與挑戰。因此，我們希望能以「桌遊」的方式，將我們的探索之旅，以輕鬆而不失知性的方式呈現，讓遊玩者能從這項再創作中，走訪廟宇、研究考察、獲取新知，使玩家瞭解田野調查時的艱苦與喜悅。

　　我們將桌遊定名為「共同的記憶」，在每一間廟宇中，我們可以看到人與人、神與神、神與人之間的關係互相牽連，搭建成一個個緊密而複雜的時空。在桌遊遊玩的過程中，每個人都是時空旅人，當進入這場跨時空旅行時，希望大家都能享受其中！歡迎大家一同來田調。接下來，我們會先說明我們調查所得之廟宇與神祇的故事，再介紹根據這些故事所製作之陰廟桌遊——「共同的記憶」的設計理念與遊戲規則。

二、祂們的故事：田野調查所獲廟宇故事

（一）鳳山有公有婆祠的廟宇故事

　　坐落於鳳山的有公有婆祠（源自紅毛港），是一間由家族管理的祠廟。此祠所主祀者有兩位，有男有女，故名「有公有婆祠」。據現在的管理者蔡金隆先生口述，這間廟歷經多次修建，從蔡先生父親年輕時，當時還只是一塊刻字小石碑，到現在已然是一間祠廟。這間廟庇佑著蔡先生一家，而他也將這座祠

廟，當作自己生活中不可或缺的一部分。

有公有婆祠乘載著兩名先人的過往，蔡先生父親在夢境裡得知這名男子的姓名是許常義，祂

圖189 有公有婆祠廟貌

的身高大概一百七十幾公分，頭上戴著斗笠，手裡拿著拐杖，看起來是一名和藹可親的人。許常義生活十分困苦，僅靠著撿柴賺取而來的錢勉強維持生計。某日，撿柴工作結束後，

圖190 組員與蔡金隆先生於廟前合照

祂躺在草垛中稍作休息，卻意外被人放火燒死，多年無人知曉，也無從安頓。蔡先生的父親遭遇多次淹水，某次碰見金爐隨水流至面前的巧合，後來許常義也進入他夢中解釋其身分與遭遇，種種不可思議的巧合促成這座祠廟的形成。至於廟內祭祀的女子，據說是鄰居在無意間看見、感應而得知其事，但對於廟方蔡先生來說，祂的形象較為模糊，尚未知其真實身分，僅聽人們說過祂是一名坐在堤防上，一邊梳著頭髮，一邊看著臺灣海峽的女子。

（二）鳳山萬聖公媽廟的廟宇故事

鳳山繁榮的中華街商圈，
人潮洶湧，是當地人覓食、
聯絡情感的好去處。林信甫
老闆在當歸鴨店內忙進忙
出，人們坐在店內，仍隱約
可見店後的「萬聖公媽廟」，
不時還能看見店內員工協助
清掃廟庭與整理雜務。這間

**圖 191　當歸鴨店與萬聖公媽廟
比鄰而居**

「萬聖公媽廟」不僅冥冥之中庇佑著林老闆和他的當歸鴨店，也
是當地居民祈求之處，曾經有深受疾病之苦的老先生前來向萬
聖公媽祈求平安，後來手術成功、順利痊癒；也有靠著這間廟
所報的明牌而發橫財的信徒。

關於這間廟宇的時光記憶，藏著許多不同的碎片。在清朝

圖 192　萬聖公媽金身

時期，當地歷經了許多歷史變革，那些因為開墾械鬥、水土不服、民變事件等原因而亡的無名屍骨，無人安葬、無人祭拜。多年後，附近居民將這些無名屍骨、枯骨集合而建了一座小祠。這些無名屍骨因為有男有女，故得名為「萬聖公媽」。不論先人因為什麼原因逝世，現在都成了當地居民的祭祀與信仰對象，而這也是臺灣歷史上真實的面貌，而不是令人恐懼的存在。

（三）大樹泰安宮的廟宇故事

圖193 泰安宮廟貌

　　在日本統治臺灣初期，臺、日兩方交戰的情況日復一日，位於大樹區的泰安宮正是當時兩軍交戰之處。某天，日軍攻入此處，此起彼落的哀號聲，伴隨著漫天的炮火，日軍展開了一場無差別的屠殺行動。不只是臺灣軍隊犧牲，連當地無辜的平常百姓也葬送在無情的殺戮之下。瞬間，大樹這一塊土地宛如人間煉獄，屍體堆成小山丘，怵目驚心的景象可以說是歷史上最慘痛的記憶。

　　泰安宮所在地又被稱作「刣（殺）人坑」，即因當時枉死的冤魂數量眾多，堆滿當地的坑道、血流成河，進而得名。因為廟中祀奉的無主孤魂過多，「刣人坑」之名也過於陰森，據說曾經有一段時間，路過此地而未入廟參拜的過路人，往往都會「出事」，像是生病、車禍、中邪等等。這些傳說使泰安宮蒙上一層神秘面紗，讓周遭居民不免敬畏再三。爾後為了使刣人坑不那麼讓人懼怕，在街坊鄰居的提議之下，便決定更名為「泰安

圖194　泰安宮與福德正神廟

宮」，而為「宮」不為「祠」，即是為了削減泰安宮的陰氣。

（四）大樹叔公嬸婆祠的廟宇故事

　　叔公嬸婆祠，坐落於大樹區的一間廟宇，這裡祀奉著輕仔公婆二人，當地的陳氏家族是祂們最親密的鄰居。大約三十年前，陳太太（不願具名）剛嫁到高雄時，現今的叔公嬸婆祠仍只是一座墳墓，後人因為當地每逢大雨必定淹水，才撿骨並建起這座叔公嬸婆祠祀奉祂們。

　　然而，叔公嬸婆祠的由來卻存在著不同的說法，讓我們眼中的輕仔公、輕仔婆形象似乎多重了起來。陳先生（不願具名）表示，叔公嬸婆祠祭拜著來到當地遊玩，但因意外而過世的一對夫婦；陳女士（亦不願具名）則表示，這間廟所供奉的是死後沒有後代的人們。縱使身為叔公嬸婆祠的近鄰，兩位受訪者卻持有不同的說法。輕仔公、輕仔婆生前的故事如此模糊不清，唯有「輕」這個姓氏，揭開了祂們身上謎題的一角。由於輕仔公

圖195 叔公嬸婆祠廟貌

婆並無後代，因此輕仔公婆決定將持有的土地、財產贈與鄰居陳家人（編者按：若是這個說法，陳女

圖196 叔公嬸婆祠歷年聖誕捐獻資料

士所述情形較有可能），以此作為交換，陳姓人家則成為了叔公嬸婆祠的祭祀者，一代接著一代。陳家人每年慶祝輕仔公婆聖誕時，做戲、整理神桌、供奉金紙，這些行為連接、延續著兩家人，或許在遙遠的未來終會成為萬代香火。

　　輕仔公、輕仔婆曾葬於石碑底下，被歷史漸漸遺忘。而現在，廟口放置著孩童的遊戲器材，孩子們於廟前的小小空間嬉戲、遊玩。在一個神桌下放著金斗甕的廟宇前方，竟能形成這一方悠閒、愜意的天地。死亡與生機互相照映的景色，賦予了我們對於陰廟更深更廣的視野。

三、我們共同的記憶：桌遊設計理念與遊戲簡介

（一）桌遊設計理念

在臺灣傳統社會中，「陰廟」帶給大眾的是一種神秘且敬而遠之的恐懼。如何打破陰廟與人們的距離感，是我們小組嘗試解決與轉化的初衷。我們希望藉由此款桌遊，一方面達到傳承高雄地區陰廟的歷史記憶，使這些珍貴的內容，更為人所知；二方面希望打破眾人對於陰廟的迷思，由我們領航，帶著大家一同窺探陰廟的形貌。同時我們也著重於玩家在「田野調查」中身歷其境的遊戲體驗效果。

（二）桌遊名稱由來

桌遊名稱為「共同的記憶」，乘載著高雄地區大小陰廟的過往與發展，以陰廟為主題設計的桌遊產品，可以說是桌遊市場

圖197 玩家透過遊戲中的田調環節來瞭解陰廟的故事（第1版桌遊作品）

圖198 每間陰廟都有特別的「記憶」等待玩家探索（第1版桌遊作品）

上的一次冒險和新意。我們在「閩南民間文學與文化采風」課程田野調查過程中，發現受人恐懼敬畏的陰廟，其實有許多值得探究的歷史記憶與傳統文化。陰廟的成形多半是為了祭祀無主的先人，這些因為不同原因而建造的陰廟，有著相同的訴求與目的。「盼著今人守住這段記憶，成為一種信仰庇佑當地」，如果我們願意細細品味每間陰廟背後的歷史故事，更會為祂的神秘面紗與過往所吸引。陰廟不僅是臺灣歷史發展與社會的「共同體」；每一間陰廟背後都有其值得思索的「記憶」。這些逐漸凋零的口傳記憶，要盡快搶救記錄，並思考如何運用不同形式活化保存下來。因此，我們設計這款桌遊名稱便命名為「共同的記憶」。

（三）遊戲簡介

　　玩家在遊戲中被賦予某種人物設定，玩家們會為了不同的

目的，進行一場田野調查的競爭。透過資源搶奪、田調過程中的突發意外進行比拚，以獲得最多間廟宇的珍貴歷史和記憶為最終目標。

1. 田野調查——行動與目標

我們希望透過有限的行動與資源，讓玩家體會田野調查過程中，在準備工具、蒐集資料、時間分配、謹慎行動等各種環節上，相互搭配以發揮最大功效的重要性。田野調查時會有許多突發狀況，需要仰賴我們的資源與資料來逐步解決。因此，玩家在桌遊體驗中，必須在有限的行動裡，以現有的資源，仔細思考每一步的行動能帶來的收益與效果，努力達成「獲取陰廟史實與故事」之最終目的。這也與現實情況相符，田野調查需要足夠的耐心與前置作業，因此我們嘗試讓玩家在遊戲中透過每次行動和突發狀況，來體驗田野調查的各種情境。

**圖199-200 遊戲中的角色卡正面（圖左為角色之一「教授」）及背面（圖右），
玩家會在遊戲中化身為不同的角色進行田野調查**

2. 突發狀況與使用器材——事件卡與道具卡

　　我們在這款桌遊特別設計了「事件卡」、「道具卡」的環節。調查者對於該領域的文化認識是必備的基本功，如此才能有效地進行調查。因此，我們將野臺戲、跋（puáh）爐主、廟宇建築特色、香油錢等臺灣信仰文化諸多面向放入卡牌設計中，玩家透過這款桌遊，即能接觸到不少來自這塊土地的信仰文化。而這款桌遊另一迷人之處，是我們對應田調過程中可能會遇到天氣、交通、身心等各種突發狀況，設計許多需要玩家謹慎面對的意外狀況，稍有不慎，即有可能讓努力調查的成果毀於一旦。

圖201　遊戲中使用的事件卡

圖202　遊戲中使用的道具卡

3. 廟宇記憶——故事卡

　　經過反覆的整理與資料比對後，我們將每一間曾調查過的廟宇資料，撰寫成一篇短篇故事，並以此作為玩家最終須獲得的得分條件。因此，玩家除了體驗遊戲緊張、刺激、各種突發狀況之外，更能透過廟宇記憶故事的蒐集，來認識該廟宇的發展歷程，乃至於臺灣民間信仰文化的動人之處。以下是故事卡內容舉例：

鳳山有公有婆祠〈撿柴夫〉

那名男子身長大約一米七，頭戴斗笠、手拿拐杖，面容和藹。

生活窮苦的祂，靠著撿柴勉強維持生計。

男子說，祂名叫作許常義。

火光閃爍，像是蕨類植物攀爬上他的面龐。而他躺在草垛中，熊熊大火燃盡一切……

鳳山萬聖公媽廟〈善終〉

「唐山過臺灣，心肝結歸丸。」

傳說在清朝的時候，有一群漢人來這邊開墾……

因為生病或械鬥而死亡。當地人怕他們無法善終，於是把他們的骨骸集中，埋葬在一起，並幫祂們蓋一個小廟，奉祀祂們，取名為「萬姓公媽祠」。

大樹泰安宮〈血流成的歷史〉

此起彼落的哀號聲，伴隨漫天的炮火，日軍和臺灣軍隊刀槍無情，犧牲的卻是無數的良家百姓。

當日軍攻陷軍事要地，大樹這一塊土地宛如人間煉獄，屍體堆成小山丘，毫無威脅性的居民，成了日治時期的戰爭亡魂。烙印在倖存者心中的，是成為滾燙河水的鮮血。幾百、幾千條人命斷送路旁，一瞬間，原本安居樂業的土地成為了亡魂陰地。這些無辜的靈魂，被當地人歸位於此。「人坑」是不願想起的記憶，也是血流成的歷史。

叔公孀婆祠〈有姓無名的人〉

地方的人說，他們是沒有後代的人，不知為何落土在這裡。

眾說紛紜，可能是車禍意外，又或許是平安老死。

但不論如何總結他們的一生，他們的年齡、相貌早已模糊不清，徒留「輕」這個姓氏代代流傳下去。

圖203-204 鳳山有公有婆祠（左）及鳳山萬聖公媽廟（右）故事卡

圖205-206 大樹泰安宮（左）及大樹叔公嬸婆祠（右）故事卡

四、結語

　　「陰廟」作為臺灣獨特的信仰文化，卻因其陰森詭譎的氣氛與文化背景，使人退避三舍。我們在踏訪陰廟的路程上，努力紀錄著我們所不知曉其歷史的場所，但縱使是與收祀孤魂之所在地關係最親密的人，也不一定完全瞭解祂們的身份、清楚過去的歷史，似乎仍籠罩著一層神秘的面紗。雖然，這個島嶼先民的身影有些朦朧，但的確銘刻在我們生活的各個角落，成為我們文化血液裡的一部分。每一間陰廟背後都見證著一段悲傷或辛酸的歷史，隨著我們一步一步的發掘真相，不僅發現陰廟背後豐富動人的文化底蘊，也逐漸地消弭了我們對陰廟的偏見。祂們是參與了臺灣發展歷程，並留下珍貴記憶的先人。

　　我們這次將陰廟探訪歷程化為桌遊產品，不僅是我們帶領玩家探索自己所生活之土地的一種方法，也希望透過桌遊介紹這些文化資產與故事，讓玩家在易上手的遊戲中，去瞭解臺灣高雄的陰廟文化，打破大眾對這些陰廟的既定印象，也能在桌遊市場中開發出新穎的題材，既有臺灣文化與民俗基礎，又不失其樂趣與接受度。

　　未來將以成品的精緻化及出版發行為目標，期待能將我們的文創桌遊打造成寓教於樂、具市場價值的產品，也希望能進一步蒐集更多高雄地區的陰廟資料，擴充我們對於陰廟文化的理解。除了組員的努力外，也感謝羅景文老師與高偉哲助教的強力支援，感謝老師與助教在課堂上與資源上的支持，讓我們能朝我們理想中的文創桌遊「共同的記憶」更進一步。

閩越合奏

越南胡志明市華人文化工作坊活動紀實

羅景文

一、前言

　　越南與臺灣兩國不僅有著非常緊密的經貿關係，雙方在文化上亦有不少相近之處，同時又保持著各自的獨特性，例如民間信仰與會館文化便是兩國皆有且各自展現特色之處。越南胡志明市為臺商聚集之地，更因為擁有豐富的華人色彩，如各式廟宇（媽祖廟、關公廟）、華人各地籍貫會館、華人街、華人市場，因而成為東南亞華人研究的重要之處。筆者於107-2學期開設「閩南民間文學與文化采風」課程，為中山大學文學院「跨文化人文思潮與美學」共學群課程之一。本課程所選定的題程主軸即在於民間信仰與地方宮廟，由於臺灣與越南、高雄與胡志明市關係深厚、互動密切，在文化及信仰有很大的可比性，因此筆者透過中山大學與越南胡志明市國家大學下屬社會科學暨人文大學（Trường Đại Học Khoa Học Xã Hội và Nhân Văn, Đại Học Quốc Gia Thành Phố Hồ Chí Minh, University of Social Sciences and Humanities, Vietnam National University-Ho Chi Minh City）的合作，與該校文學系、文化學系、越南學系等系所進行共同授課、田野調查參訪、議題討論工作坊（或專題設計）。相信這樣的國際合作，將能有效地聯結兩地地方知識、行動與在地經驗，一方面能試著解決教學現場所遭遇的問題，增加學生的學習動機、參與感及成就感；一方面能對臺灣及越南、高雄與胡志明市之民間信仰文化、宗教事務及儀式活動有更多的認識和感受，並進一步刻劃當地豐富深厚的地景特色與文化面貌。

　　本次越南胡志明市華人文化工作坊團隊教師成員共有2位，一位為筆者，另一位為當時客座於中山大學文學院之助理教授

阮黃燕老師（胡志明市社會科學暨人文大學東方學系教師）。學生成員共有11名，為楊嘉琳（中文系）、蘇意心（中文系）、林航羽（劇藝系）、朱詠瑜（社會系）、趙姿婷（中文系）、陳品蓁（中文系）、林佳宜（中文系）、周家豪（中文系）、郭宇珊（中文系）、林嘉和（中文系）、梁竣雅（社會系）。助教有1名，為中文系碩士生鍾燕雪。在此特別感謝阮黃燕老師不辭辛勞負責聯繫及翻譯事宜，活動得以圓滿完成，謹誌於此，以表謝忱。筆者將於下文介紹本次越南胡志明市華人文化工作坊相關活動過程。

二、越南胡志明市華人文化工作坊活動紀錄

工作坊團隊於2019年5月4日～10日前往胡志明市，參訪當地華人寺廟、宗祠、會館，觀察當地華人民間信仰樣貌，進行雙邊大學師生交流研討。本計畫進行方式包含共同授課、田野調查或參訪、議題討論工作坊或專題設計報告三類，主要活動行程如表8所示。

工作坊團隊一行人於2019年5月5日星期日中午抵達胡志明市，稍事休息之後，即前往胡志明市第五郡華人區尋訪華人文化，由當地華人文化研究者暨書畫家劉金鐘（Lưu Kim Chung）先生為我們導覽。我們在走街串巷中訪尋不少華人古巷舊坊里，像是娛樂巷、豪士坊、海南里、老虎巷，還有專賣觀賞魚的金魚巷。懷想嶺南畫派大師梁少航（1909-1975）先生工作的情景。豪士坊不僅是過去社會地位較高者所居之處，也是現今網紅打卡的熱門景點。熱帶地區天氣燠熱，降火的涼茶就成為兵家必爭之地，在華人區裡有不少涼茶鋪，口味各有千秋，每當

表8 越南胡志明市華人文化工作坊活動行程表

日期	主要行程內容
2019 年 5 月 5 日	交通日：抵達越南胡志明市，由劉金鐘先生帶領巡訪當地華人區，了解華人生活面貌。
2019 年 5 月 6 日	上午參訪胡志明社會科學暨人文大學文化學系，該系安排兩位教師演講。下午參訪義安、瓊府、溫陵三間華人會館。
2019 年 5 月 7 日	上午參訪胡志明社會科學暨人文大學文學系，該系安排三位教師演講。下午參訪福安會館。
2019 年 5 月 8 日	上午參訪胡志明社會科學暨人文大學文學系，該系安排一位教師演講。同時並參訪文學系漢喃遺產研究室，以了解該系所收藏之華人碑銘資料。 中午及下午：與文學系師生一同進行課程活動、至明鄉嘉盛會館、穗城會館進行拓碑教學。後續前往三山及霞漳會館參訪。
2019 年 5 月 9 日	上午為專題報告製作時間，下午 2-4 點為師生專題報告。專題報告結束後，至胡志明社會科學暨人文大學越南學系參訪。
2019 年 5 月 10 日	上午參訪活動，下午搭機返臺。

午後就有不少人騎著機車到店鋪前喝涼茶消暑。我們也去看了製作廣東獅的老店鋪，最後品嚐Chè（越南甜湯），甜湯材料裡看得出華人陰陽相濟、滋補養生的食療概念。

2019 年 5 月 6 日早上，工作坊團隊至胡志明市社會科學暨人文大學文化學系參訪，文化學系師生非常隆重地接待，主要有黎氏玉蝶（Lê Thị Ngọc Điệp tặng）主任、陳福慧光（Trần Phú Huệ Quang）副主任、潘英秀（Phan Anh Tú）副主任，以及阮文校（Nguyễn Văn Hiệu）老師、張氏蘭河（Trương Thị Lam Hà）老師、陳玉慶（Trần Ngọc Khánh）博士、陳龍（Trần Long）博士等諸位老師，文化學系也邀請了胡志明市文化大學文化學系阮氏月（Nguyễn Thị Nguyệt）教授一同參與。在雙方熱情致意之後，

圖207-208 團隊成員合影於華人廟及華人區

圖209 團隊成員參訪華人區豪士巷　　　圖210 團隊品嘗華人百年涼茶

筆者用越文介紹筆者過去研究越南漢文學的成果及其對臺灣的
意義、胡志明市與高雄市的特色和可比較性，以及我們此行的
目的。接著雙方互贈紀念品，筆者這次帶著《高雄大社青雲宮神
農信仰文化誌》，[1] 而竣雅也送上具收藏價值的明正堂大符和紀
念幣，相信這些特別準備的禮物，能讓同樣關心民間信仰和宗
教的文化學系師生印象深刻。[2]

1　羅景文：《高雄大社青雲宮神農信仰文化誌》（高雄：財團法人高雄市大社區
　青雲宮、國立中山大學，2018 年 6 月）。

2　胡志明市社會科學暨人文大學文化學系對於中山大學華人文化工作坊亦有詳
　盡的報導，網址：http://vanhoahoc.hcmussh.edu.vn/?ArticleId=b7a8714f-8373-
　47b4-87f5-c63866bd84ca&fbclid=IwAR2zf9ZEYj4I4coOOQvak3kTkrqzgin8fhmE
　GqQ2Fukuuo5R7HpXPHYK1qs，最後讀取日期：2021 年 6 月 13 日。

　　文化學系安排兩位重要學者發表演說，一是潘英秀副主任介紹茶隆省茶句縣高棉人與華人的文化融攝，一是由文化大學文化學系阮氏月教授介紹胡志明市華人區的特色和文化遺產（物質與非物質）。潘老師不被陳說所陷，也不盲從權威，經過他的實際調查，有些華人並未表態為華人（這可能與個人認同有關），所以與官方數據有所差異。而且他實際田調後發現華人移民並非為反清復明，主要是為了謀生。其中最有意思的是，在茶句縣有「華人先生，高棉人太太」的現象，他們結婚的婚聯雖然換成越文，但對句型式還是有十足的華人色彩。當地有崇拜石頭公的信仰（小祠型式），這來自高棉人的信仰，但也融合了漢人紅布避忌特色。另外，廟會活動中的遊行表演（藝陣）的猴

圖211　潘英秀副主任演講

圖212　阮氏月教授演講

圖213-214　眾人於胡志明市社會科學暨人文大學文化學系合影

神形象為哈奴曼,卻有從西遊記孫悟空轉化而來的痕跡（至於孫悟空的原型是不是哈奴曼,學者有不同的看法,暫且不論）。阮氏月老師則從建築（類似鹿港的街屋型式）、服裝、飲食、祭祀、經濟活動（各華人族群商販專長項目）、著名華人、生命禮俗、會館寺廟等各層面來介紹胡志明市華人,這簡直是我們進入華人區,進行會館考察前的導論。她介紹了一句很有意思的話:「吃華人的飯、住西方人的家、娶日本太太」。飲食果然是最共同的語言,很快就喚起我們彼此之間的親密性,也讓我們在愉快的討論聲中結束在文化學系的參訪活動。

　　我們一行人下午則到主祀關公的義安會館（潮州）、主祀天后的瓊府會館（海南）、主祀天后的溫陵會館（泉州）進行考察,讓同學們開始尋找有興趣的議題,進行不同會館寺廟之間,甚至是擴大到當地不同族群之間的比較。當然,臺越文化之間的異同,也是團隊此行關注的重點。同學們在觀察時滿敏銳地感受到彼此的差異,相信在累積越來越多經驗之後,同學們能提出較有統整性的觀察報告。

　　5月7日早上工作坊團隊抵達學校後,由胡志明市社會科學暨人文大學文學系主任黎光長（Lê Quang Trường）教授帶領我們到大會議室外等待。後來,幾位文學系的資深教師陸續抵達,像是黃如芳（Hoàng Như Phương）教授、阮文校（Nguyễn Văn Hiệu）教授、阮公理（Nguyễn Công Lý）教授、胡慶雲（Hồ Khánh Vân）副主任、武文仁（Võ Văn Nhân）教授、阮東朝（Nguyễn Đông Triều）老師、阮玉郡（Nguyễn Ngọc Quận）老師。安排妥當之後,黎主任帶領我們一行人進入會議室,文學系師生早已坐定,並熱烈地歡迎我們。黎主任致詞時,特別朗誦他

圖215-216 團隊成員合影於溫陵會館（左）、義安會館（右）

圖217-218 團隊成員於溫陵會館前（左）、瓊府會館（右）進行考察

為此次合作交流所做的詩作。除此之外，他還拿起他們師生特別為我們製作的，寫下「越南文化文學交流」大字的越南斗笠。後來，文學系同學們也熱情地為中山大學的同學們戴上斗笠，全場氣氛相當熱烈，我們非常喜愛這個用心設計的禮物。接下來，再由筆者用越語致詞，說明筆者與文學系多年來的情誼，以及這次帶領同學來胡志明市進行考察的緣由和目的，特別感謝文學系對我們的大力協助。在雙方致詞之後，文學系教授們每人發表約三十分鐘的專題演說，黃如芳教授介紹1954-1975越南南部文學；阮文校教授則從多角度看越南文化，以中代中越文化為比較對象；阮東朝教授介紹同塔省沙㰀市建安宮華人廟

圖219 參與兩系學術交流活動之文學系教師（組圖）

的特色。

　　演講之間，黎主任也安排了一些有趣的活動，如雙方互贈紀念品。工作坊團隊所贈除了筆者所著的《青雲宮誌》之外，還有中山大學校方及文院的出版品，以及來自高雄的特色糕點，和具有西子灣風格的校園筆記本。筆記本封面有衝浪者突顯中山大學位居海濱的特色，我們一共準備了三十五本要送給在場的每位同學們。每位中山大學的同學也準備了他們認為有特色的臺灣禮物，投桃以報李，讓越南朋友知道，我們也是帶著極

圖220 兩系學術交流活動情形（組圖）

大的熱誠而來。在互贈紀念品之後，文學系同學們還準備了一段表演節目，要唱一首歌送給我們，他們唱的是〈攜手共進〉（Nối Vòng Tay Lớn），講的是希望大家能不分彼此、心手相連，自信又大方的越南同學果然展現了越南人的好歌喉，也很呼應了這次雙方交流的主題。而我們則選擇了「島嶼天光」這首有臺灣特色的歌曲回贈給他們。

　　當天中午兩系餐敘，文學系特別安排中文流利的漢喃組同學來與我們互動，他們態度落落大方，又極會勸酒。沒多久，

圖221 臺灣越南師生合影，彼此互贈紀念品並獻唱歌曲（組圖）

相隔兩桌都傳來越語「một hai ba dô」（123 喝）此起彼落的聲音。不只如此，學生們也紛紛到師長桌來敬酒，而師長們也常往同學桌敬酒，師生關係之親密令人感動。席間眾人熱烈地交換名片或是社群媒體的聯絡方式，就成為跨國朋友。在這過程中，雙方也就未來能合作的方向交換意見，文學系黎光長主任也邀請筆者參加 2019 年 7 月份的越南學國際研討會、11 月份的越南文學國際學術研討會，筆者日後也依約參與盛會。非常謝謝文學系師生帶給我們相當愉快又難忘的體驗。工作坊團隊在

圖222　團隊成員合影於胡志明市社會科學暨人文大學、二府會館（組圖）

餐敘之後前往福安會館、二府參訪，蒐尋接下來專題報告所需資料。

　　5月8日早上我們先至文學系會議室參與演講活動，文學系安排資深教師陳氏芳芳教授（Trần Thị Phương Phương）分享她最近的研究成果：「十七世紀越南與西方文學的第一次接觸──以Jeronimo Maiorica 喃文聖人傳為討論中心」，讓我們知道越南與西方文學的接觸情形。Jeronimo Maiorica（1591-1656）這名傳教士以越南喃字（Chữ Nôm）編寫了大量羅馬天主教作品，因而被

圖223-224 眾人聆聽陳氏芳芳教授演講

視為越南文學史尤其是喃字文學的里程碑。在陳氏芳芳教授演講結束之後，兩系師生一同坐上遊覽車前往會館，進行兩系師生共同田野教學活動。

　　兩系師生一行人先前往明鄉嘉盛會館，此會館又稱「明鄉會館」或「嘉盛堂」，由明鄉人於1789年創立，以紀念陳上川（Trần Thương Xuyên，1626-1720）、鄭懷德（Trịnh Hoà Đức，1765-1825）、阮有鏡（Nguyễn Hữu Cảnh，1650-1700）及吳仁靜（Ngô Nhân Tịnh，1761-1813）等人，他們是明鄉族群裡重要的開拓及耕耘者。廟中正殿祭祀明末皇帝（牌位上寫有「龍飛」二字）、「五土尊神」、「五穀尊神」、「東廚司令」及「本境城隍」。我們此行參訪考察廟中神位、聯對、牌匾、廟中古物和裝飾，

圖225-226 臺越師生針對明鄉會館進行討論

圖 227-228 臺越師生針對明鄉會館進行討論，並合影留念

臺越同學也各自提出他們所觀察到的現象進行討論。

　　結束了明鄉嘉盛會館的考察，我們一行人前往穗城會館進行拓碑教學，穗城會館是越南廣東籍華人於 18 世紀建立的媽祖廟，廟中各式泥塑、交趾陶（梅山陶）、聯對、古物、石碑相當豐富。由於抵達穗城會館時間已近中午，眾人先享用文學系所準備的法式麵包（Bánh Mì），略做休息之後，我們開始下午拓碑教學的活動。黎光長主任先為我們解說拓碑流程，首先將碑上沙塵土垢刷洗乾淨，以免汙損拓紙。黎主任接著要我們思考：如何將堅韌的楮紙緊覆在碑版上。他說可以運用白芨或是用青香蕉剝開後具有黏性的果肉來黏貼楮紙，由於青香蕉取得容

圖 229-230 文學系黎光長教授解釋拓碑時滾輪的作用和青香蕉的用法

圖231 眾人合影　　　　　　**圖232 拓碑相關器具**

易，因此較常使用於拓碑現場。撕開青香蕉後將果肉塗抹於碑版上，再將楮紙覆蓋其上，這些楮紙就能緊密黏地貼於碑版，再用滾輪刷平表面就能進行拓碑，接著用拓包蘸取適當的墨汁（或用滾輪刷）快拍於紙上。撲墨完畢後，小心地取下拓本，即能完成拓碑工作。目前在臺灣拓碑工作大多是由歷史系、考古學系或是相關文化資產人員來進行，中文系師生較少有這樣的訓練，實際上中文系的師生也適合進行相關的工作。沒想到的是，我們在臺灣還沒拓過碑，反而是到了越南，跟著胡志明市社會科學暨人文大學文學系的師生來學習如何拓碑，這不僅是兩校師生共同上課的珍貴經驗，對我們而言也是深具意義的省思。在拓碑教學之後，我們暫別文學系師生，繼續前往三山會館及霞漳會館參訪，蒐集隔天專題報告需要的素材。

　　5月9日為工作坊師生共同進行專題報告，早上為製作專題簡報時間，下午二點借用文學系會議室進行師生專題報告，此次報告主要是師生透過這幾天實地探訪胡志明市各大華人會館與廟宇，如霞漳會館、三山會館、穗城會館、溫陵會館、二府會館、義安會館、瓊府會館、明鄉嘉盛會館，提出觀察報告，並與臺灣民間信仰、常民生活或是閩南文化進行比較。報告一開

始由文學系主任黎光長教授致詞，他很高興我們能在文學系進
行專題報告，展現同學們這幾天田野調查的成果，在場也有文
學系漢喃組越南同學一同參與，可以有相互交流觀摩的效果。

　　第一組的報告主題為「臺灣、胡志明市神像差異比較」，他
們從工法、材質、造形，以及配祀神的組合等方面，來探討兩
地神像差異，他們記錄與比較的神祇有五顯大帝、玄天上帝、
玄壇元帥、廣澤尊王、媽祖與千順將軍、白無常、土地公與虎
爺、觀音菩薩。第二組為「臺越廟宇信仰文物」，他們從塔香、
燈籠、兵器、銅鐘、器物顏色來比較臺越廟宇信仰文物，他們
認為臺灣廟宇（以萬華龍山寺為例）在用色上多為深色調，呈
現出一種莊嚴肅穆的氛圍，胡志明華人廟宇用色較明亮。第三
組為「越南胡志明市明鄉會館與臺灣屏東佳冬楊氏宗祠對倒關
係比較」，他們透過祭祀對象、祭祀場所、牌位裝飾、建築外
觀與格局等面向，來觀察兩個族群移民信仰案例，他們發現移
民（明鄉人與楊氏族人）會保留原鄉信仰與習俗，並融入移居
地元素，從而形成屬於自我族群的祭祀集會場所。

　　除了學生發表專題報告之外，筆者亦發表「中華民國在越
南——以胡志明市華人會館匾聯碑記為討論對象」專題報告。
胡志明市有相當豐富的華人文化，而會館與寺廟正是華人文化
的重要表徵。目前大部分華人會館及寺廟多於清治時期（17 世
紀之後）成立，因此會館內多有清治時期碑記、楹聯、牌匾。
而隨著政治主權的轉移，中國進入了「中華民國」時期，但由於
法國殖民的政策、海外僑民支持革命等因素，也使這些在越華
人與中國政府的關係有了轉變。後來又因為南北越分裂（1954-
1975），南越建立越南共和國，與中華民國擁有共同的反共立

場，當時中華民國與南越的關係，相較於其他東南亞國家的關係更為親近。而這樣的互動關係是否也反映在胡志明市的華人會館及廟宇？因此，筆者透過胡志明市之華人會館及廟宇碑記、楹聯、牌匾上，以「中國民國」或「民國」紀年的記錄，以及這些文物或文獻之內容提及中華民國之人、事、時、地、物，

圖233-238 學生發表專題報告

圖239-240　筆者發表專題報告

來觀察中華民國在越南、在胡志明市的歷史痕跡，以及兩國之間的關係。

　　在專題報告結束之後，黎光長主任引領我們一行人參觀文學系漢喃遺產研究室，以了解該系所收藏之華人碑銘資料。在參訪的過程中，黎主任也向我們分享他在拓印墓碑的特殊經驗，他曾在大雨滂沱中向墓主祈禱，後來得以在淹水的墓地上滑著小船離開險境，可見研究者在田野調查時常得要面對各種不同的狀況，才能取得珍貴的第一手資料，相當不容易，著實令人敬佩。

　　專題報告結束之後，我們一行人至越南學系參訪，系主任段黎江（Đoàn Lê Giang）教授熱情接待，介紹越南學系的特色，該系尤其是越南南部學習越南語的重鎮，校區內時常可以見到外國人的身影，尤其近年來相當受到韓國人歡迎。[3] 會後一行人

3　筆者此次拜訪越南學系，該系亦有報導，胡志明市社會科學暨人文大學越南學系：〈臺灣中山大學師生訪問越南學系〉（'Đoàn giảng viên và sinh viên ĐH Trung Sơn (Đài Loan) thăm Khoa Việt Nam học'），2019 年 5 月 31 日發表，詳見網址：http://www.vns.edu.vn/index.php/vi/tin-tuc/1143-doan-giang-vien-va-sinh-vien-dh-trung-son-dai-loan-tham-khoa-viet-nam-hoc?fbclid=IwAR0IH-

圖241　黎光長主任蒞臨專題發表會致詞　　**圖242　黎光長主任分享田調甘苦談**

圖243　眾人一同翻閱漢喃文獻　　**圖244　眾人合影於漢喃遺產資料室**

則到金龍劇院觀賞越南重要文化資產水上木偶。最後一天早上為自由參訪活動，筆者和部分同學參訪玉皇殿，另有同學參訪統一宮、戰爭博物館、或是胡志明市美術館，均有相當難忘的回憶，下午則搭機返臺，圓滿完成這次的華人文化交流工作坊。

三、越南胡志明市華人文化工作坊活動心得

　　此次前往越南胡志明市，主要參訪當地華人文化與宗教景

3pX1_bC-5cUhFcdyWK9_FI0zsc2TQNQ72haGtGDpAapaN8dV-1BHk，最後讀取日期：2021年6月13日。

圖245-246 越南學系主任段黎江教授歡迎筆者一行人到訪

圖247-248 筆者向段黎江教授致意，參訪後眾人合影留念

點，並與胡志明市社會科學暨人文大學共同授課，進行田調活動，試圖了解其文化特色及與臺灣文化異同之處，同時也與當地學者進行交流，期許能拓展多種可能與多元面向。此次參訪的成果與心得如下：

首先，是貼近理解，避免誤解與歧見。國人對於東南亞常存有錯誤的認知，以越南為例，會認為當地基礎建設落後、治安與社會秩序混亂、經濟未若臺灣發展，當地女性極為勤勞，為一母系社會，反觀男性則未若女性認真於工作。實際上，越南為發展中國家，目前正大力推動各項基礎建設，如與日商合作興建捷運系統，建築新式大樓住宅，有越來越多的示範商業區和住宅區，在第一郡更是百貨公司、購物中心、高級餐廳

和五星級飯店林立，而富美興的成功也證明了越南人民越來越追求高品質的生活水準，以及越來越強勁的消費能力。新世代的越南年輕人大多具有創意，也充滿拼勁，精通外文者更不在少數，像是這次熱情接待、協助我們的文學系漢喃組同學，他們的漢語相當流利。而越南政府也相當歡迎外資企業投資。這些現象足以打破我們過去對越南的錯誤認知。此次同學們到胡志明市參與華人文化工作坊，也驚覺過去對越南的陌生或是誤解。只要我們肯走出自己的舒適圈，貼近當地往往就能改變我們舊有的認知，並發現當地特殊之處。

　　其次是兩系共同授課，並提出專題報告。此次中山大學與胡志明市國家大學下屬社會科學暨人文大學共同合作授課，我們依據田野調查所得進行分組報告。此次共有四份專題成果報告：在教師方面，筆者提出「中華民國在越南——以胡志明市華人會館為探討場域」的觀察，即透過華人會館及廟宇碑記、楹聯、牌匾、信仰文物上的時間紀年方式，以及這些文物文獻之相關內容是否提及中華民國之人、事、時、地、物，來觀察中華民國在越南、在胡志明市的歷史痕跡。同學們則分三組，第一組進行「臺灣、胡志明市神像差異比較」，比較兩地神像在「工法與材質」、「神像造型的差異」、「配祀神組合」等方面上的差異，主要比較的神像有五顯大帝、玄天上帝、玄壇元帥、廣澤尊王、媽祖護法千里眼、順風耳、白無常、土地公與虎爺、太歲星君、觀音菩薩。第二組則以「華人會館廟宇信仰文物」為觀察主題，比較臺灣、越南兩地塔香、燈籠、兵器、銅鐘、神像等方面上的不同。第三組同學則進行個案研究，以越南胡志明市明鄉會館和臺灣屏東佳冬楊氏宗祠相互比較為主題，觀察

兩地華人移居的背景、兩者祭祀的對象，兩廟各自的功用、室內裝飾、建築格局與外觀。就整體來說，師生四組專題報告聚焦於廟宇歷史文化變遷、祭祀空間與時間、祭祀儀式與祭品、祭祀社群（者）身份、主神與配祀神職能與特色、重要文物與建築藝術特色、寺廟與華人社群、社會公益事業（教育）的互動等面向。而除了當地特色之外，與臺灣民間信仰的異同之處，亦是師生們共同關心的重點。

再次，透過田野調查，學生能獲得學習動力的提升，增進洞察環境、待人接物，以及有效解決問題與團隊合作之能力，同時也能有效聯結知識、行動及經驗。本活動邀請胡志明市社會科學暨人文大學文學系、東方學系教師一同參與田野調查，提供在地視角及經驗，將點狀考察提升為面狀且較具深度的了解。這些成果可再透過期末專題成果、田野調查報告和影音資料、學習回饋心得來驗證，見到同學們深刻的省思。

總的來說，走出同溫層、舒適圈，貼近理解，親自體驗，甚至是融入當地文化，可避免彼此的誤解與歧見。臺灣對於東南亞國家及人民的誤解已久，化解歧見最好的辦法就是親自到當地體驗文化，了解當地的風土民情。雖然大家都明白這樣的道理，但真的走出同溫層、舒適圈的人並不多，而且即使真的到越南，能放下成見，學習當地文化的人也少之又少。期許未來兩校有更密切的合作關係、更多元的聯結、更積極的執行力。臺灣人能自信地走出去，認識、理解不同文化，而各國朋友也都能樂於到臺灣來。

Song tấu văn hoá Việt – Mân

Ghi chép hoạt động của Workshop về Văn hoá người Hoa tại Thành phố Hồ Chí Minh, Việt Nam

La Cảnh Văn

PGS. TS. Khoa Văn học Trung Quốc
Viện Văn học Đại học quốc gia Trung Sơn, Đài Loan

Nguyễn Hoàng Yến

Giảng viên TS. Khoa Đông phương học
Đại học Khoa học xã hội và Nhân văn TP. Hồ Chí Minh, Việt Nam

I. Mở đầu

Việt Nam và Đài Loan không chỉ có quan hệ mật thiết về kinh tế và thương mại, hai bên còn có rất nhiều điểm tương đồng trong văn hoá, nhưng đồng thời vẫn giữ được những nét đặc trưng của riêng mình, ví như tín ngưỡng dân gian và văn hoá hội quán của hai nước đều có những nét phát triển hết sức riêng biệt. Thành phố Hồ Chí Minh là nơi tụ hội của nhiều doanh nghiệp cũng như thương nhân Đài Loan, và lại nơi đây vẫn còn lưu giữ được rất nhiều nét văn hoá của người Hoa, như là các đình chùa miếu mạo (miếu Ma Tổ, miếu Quan Công,...), hội quán của các nhóm người Hoa khác nhau, phố người Hoa, khu chợ người Hoa, do đó mà nơi đây đã trở thành một trong những trung tâm quan trọng để nghiên cứu về người Hoa của khu vực Đông Nam Á. Vào học kỳ II năm học 2018-2019, chúng tôi đã mở khóa học Sưu tầm nghiên cứu Văn học và văn hoá dân gian Mân Nam, là một môn trong chuỗi khoá học Những trào lưu tư tưởng và mỹ học xuyên văn hoá của Viện Văn học, Đại học Trung Sơn. Một trong những chủ đề chính của môn học là tín ngưỡng dân gian và đền miếu ở địa phương. Bởi vì Việt Nam và Đài Loan nói chung, TP.Hồ Chí Minh và Cao Hùng nói riêng có mối quan hệ hữu nghị và tương tác mật thiết, trên lĩnh vực văn hoá và tín ngưỡng lại có nhiều điểm có thể tiến hành so sánh được, nên chúng tôi đã thông qua mối quan hệ hợp tác giữa Đại học Trung Sơn và Đại học Khoa học Xã hội và Nhân văn, Đại học Quốc gia Thành phố Hồ Chí Minh, để phối hợp cùng các khoa Văn học, Văn hoá học, Việt Nam học của trường ĐH Khoa học xã hội và Nhân văn TP.Hồ Chí Minh, cùng nhau mở lớp giảng dạy, tổ chức điều tra điền dã và workshop thảo luận (hoặc thiết kế báo cáo) chuyên đề. Tin rằng với hình thức hợp tác quốc tế như vậy, sẽ có thể tạo sự liên kết hiệu quả về giao lưu chia sẻ tri thức, chung tay hành động và làm giàu kinh nghiệm thực tế của hai bên: một mặt có thể giải quyết các vấn đề có thể gặp phải nơi giảng dạy, làm tăng động lực học tập, làm giàu trải nghiệm thực tế và tạo được cảm giác thành tựu cho sinh viên; mặt khác lại có thể khiến cho sinh viên càng thêm hiểu biết và có nhiều cảm nhận hơn đối với văn hóa tín ngưỡng dân gian, các hoạt động tổ chức hay nghi thức tôn giáo của Việt Nam và Đài Loan nói chung, TP.Hồ Chí Minh và Cao Hùng nói riêng, từ đó mà khắc họa được rõ nét những điểm đặc sắc của cảnh quan và diện mạo văn hóa địa phương vốn hết sức lâu đời và phong phú này.

Thành phần tham gia hoạt động Workshop về Văn hoá người Hoa tại TP.Hồ Chí Minh lần này bao gồm: 2 giáo viên (là người viết và cô Nguyễn Hoàng Yến – giảng viên khoa Đông phương học, ĐH Khoa học xã hội và Nhân văn TP. Hồ Chí Minh), 11 sinh viên (đến từ các khoa Trung văn, Kịch nghệ và Xã hội học, Đại học Trung Sơn), cùng 1 trợ lý (khoa Trung văn, Đại học Trung Sơn).

II. Ghi chép hoạt động của Workshop về Văn hoá người Hoa tại Thành phố Hồ Chí Minh, Việt Nam

Đoàn giáo viên, học sinh của trường Đại học Trung Sơn vào khoảng thời gian từ ngày 04 đến ngày 10 tháng 05 năm 2019 đã đến TP. Hồ Chí Minh, tham quan và điều tra điền dã các đình chùa miếu mạo, từ đường và hội quán người Hoa, quan sát diện mạo tín ngưỡng dân gian người Hoa ở đây, tiến hành giao lưu nghiên cứu giữa giáo viên, sinh viên hai trường. Theo kế hoạch, hoạt động lần này bao gồm 3 nội dung chính: hợp tác giảng dạy, đi tham quan và điều tra điền dã, rồi tổ chức workshop thảo luận hoặc làm báo cáo chuyên đề, lịch trình chủ yếu như bảng dưới đây:

Thời gian	Nội dung hoạt động
5/5/2019	Đến TP. Hồ Chí minh, ông Lưu Kim Chung sẽ hướng dẫn đoàn đi tham quan khu vực người Hoa, tìm hiểu diện mạo đời sống của người Hoa nơi đây.
6/5/2019	Sáng: Thăm và làm việc tại Khoa Văn hoá học, ĐH KHXH&NV TP.HCM; dự buổi thuyết giảng của hai thầy cô giáo trong khoa. Chiều: Tham quan 3 hội quán người Hoa: Nghĩa An, Quỳnh Phủ và Ôn Lăng.
7/5/2019	Sáng: Thăm và làm việc tại Khoa Văn học, ĐH KHXH&NV TP.HCM; dự buổi thuyết giảng của ba thầy cô giáo trong khoa. Chiều: Tham quan Hội quán Phúc An.
8/5/2019	Sáng: Tiếp tục tham quan và làm việc tại Khoa Văn học, ĐH KHXH&NV TP.HCM; dự buổi thuyết giảng của một thầy cô giáo trong khoa. Đồng thời đến thăm Phòng Sưu tầm và Nghiên cứu Tư liệu Hán Nôm để tìm hiểu về những bài văn bia của các hội quán người Hoa được lưu giữ tại đây. Trưa và chiều: Cùng với giáo viên và sinh viên của khoa cùng nhau lên lớp, đến Hội quán Minh Hương Gia Thạnh và Hội quán Tuệ Thành để học thác dập văn bia. Sau đó đi tham quan và điều tra điền dã tại Hội quán Tam Sơn và Hội quán Hà Chương.
9/5/2019	Sáng: Chuẩn bị các bài báo cáo chuyên đề theo nhóm. Chiều: Từ 2:00-4:00 là thời gian các nhóm tiến hành báo cáo. Sau đó đến tham quan và làm việc tại Khoa Việt Nam học, ĐH KHXH&NV TP.HCM.
10/5/2019	Sáng: Đi tham quan, điền dã. Chiều: Lên máy bay về Đài Loan.

Ngày 5 tháng 5 năm 2019, cả đoàn đến TP. Hồ Chí Minh, sau vài phút nghỉ ngơi, dưới sự hướng dẫn của người nghiên cứu văn hóa người Hoa tại địa phương, cũng là nhà thư hoạ gốc Hoa Lưu Kim Chung, cả đoàn đi tham quan và tìm hiểu khu người Hoa tại Quận 5, TP. Hồ Chí Minh. Chúng tôi đã đặt chân đến những con phố, hẻm, ngõ nhỏ cổ và xưa cũ, nơi mang đậm văn hoá của người Hoa, như Hào Sĩ Phường, ngõ Hải Nam, hẻm Lão Hổ, ngõ Kim Ngư,... Tham quan nơi làm việc trước đây và hoài tưởng về vị hoạ sỹ phong cách Lĩnh Nam Lương Thiếu Hàng (1909-1975). Ngoài ra, cả đoàn còn được thưởng thức những món chè, nước mát giải khát mang đậm phong cách người Hoa tại khu phố để hiểu hơn về đời sống của người dân địa phương.

Sáng ngày 6 tháng 5 năm 2019, đoàn đã đến thăm và làm việc tại Khoa Văn hoá học, ĐH KHXH&NV TP.HCM, và nhận được sự tiếp đón hết sức nồng hậu của các thầy cô và sinh viên của khoa, đại diện gồm có Trưởng Khoa Văn hoá học Lê Thị Ngọc Điệp, Phó Trưởng Khoa Trần Phú Huệ Quang, Phó Trưởng Khoa Phan Anh Tú, và các thầy cô khác như thầy Nguyễn Văn Hiệu, cô Trương Thị Lam Hà, TS. Trần Ngọc Khánh, TS. Trần Long; Khoa Văn hoá học cũng đã mời cô Nguyễn Thị Nguyệt của trường Đại học Văn hoá cùng đến giao lưu. Hai bên đã trao đổi về các hướng nghiên cứu của nhau trong thời gian qua liên quan đến văn hoá, tín ngưỡng dân gian và bản địa; đồng thời tặng nhau những món quà lưu niệm mang ý nghĩa văn hoá tốt đẹp.

Sau đó, đoàn đã được nghe buổi thuyết giảng rất thú vị của thầy Phan Anh Tú và cô Nguyễn Thị Nguyệt. Cô Nguyệt đã giới thiệu cho Đoàn về các văn hoá vật thể và phi vật thể của cộng đồng người Hoa tại khu vực Nam Bộ, giúp các thành viên hiểu hơn về người Hoa và văn hoá người Hoa tại Việt Nam. Thầy Tú đã giới thiệu về một trường hợp giao thoa văn hoá đặc biệt giữa người Hoa và người Chăm tại Trà Cú, giúp các thành viên hiểu về những nét đặc sắc của giao lưu, tiếp biến văn hoá tại từng địa phương.

Buổi chiều, đoàn đến thăm Hội quán Nghĩa An (Triều Châu), Hội quán Quỳnh Phủ (Hải Nam) và Hội quán Ôn Lăng (Tuyền Châu), các thành viên đã căn cứ vào chủ đề mình hứng thú để tiến hành điều tra, tìm hiểu và so sánh về văn hoá người Hoa các nơi, từ đó hiểu hơn về sự phong phú và khác biệt của văn hoá, tín ngưỡng hai nước.

Sáng ngày 7 tháng 5, Đoàn đã đến giao lưu và làm việc tại Khoa Văn học, ĐH KHXH&NV TP.HCM, đại diện khoa gồm có Trưởng khoa – PGS.TS. Lê Quang Trường, GS. Hoàng Như Phương, thầy Nguyễn Văn Hiệu, thầy Nguyễn Công Lý, cô Hồ Khánh Vân, PGS.TS. Võ Văn Nhơn, thầy Nguyễn Đông Triều, thầy Nguyễn Ngọc Quận, còn có rất nhiều sinh viên của khoa cùng đến tham gia. PGS. TS. Lê Quang Trường đã tặng đoàn một bài thơ tự sáng tác để kỷ niệm lần giao lưu này. Khoa Văn học còn tặng mỗi thành viên một chiếc nón lá có vẽ hình liên quan đến Việt Nam làm kỷ niệm, không khí rất vui vẻ và thân tình. Sau đó, các đại diện của Khoa Văn học đã có những bài diễn thuyết chuyên đề: GS. Hoàng Như Phương giới thiệu về văn học Việt Nam từ 1954 đến 1975; GS. Nguyễn Văn Hiệu giới thiệu, so sánh văn hoá Việt – Hoa từ nhiều góc độ; thầy Nguyễn Đông Triều đã giới thiệu về đặc sắc của miếu Kiến An tại Sa Đéc. Sau đó, hai bên trao tặng cho nhau những đầu sách đã xuất bản của mình, những món quà lưu niệm và hát tặng nhau những bài hát mang nét đặc trưng của Việt Nam và Đài Loan. Buổi trưa, hai bên cùng dùng bữa, đoàn có dịp được thử nghiệm văn hoá ăn uống của Việt Nam, như văn hoá mời rượu bia, các trò chơi, giao lưu trong bữa ăn,... Khoa Văn học cũng đã có lời mời chúng tôi tham gia những hoạt động sắp tới của khoa, để hai bên tăng thêm tình đoàn kết và quan hệ hợp tác trong tương lai. Buổi chiều, đoàn đã đến thăm quan Hội quán Phúc An để tìm kiếm tư liệu cho buổi báo cáo tiếp theo.

Sáng ngày 8 tháng 5, chúng tôi tiếp tục đến thăm và làm việc tại Khoa Văn học, ĐH KHXH&NV TP.HCM, và nghe buổi thuyết giảng của GS. Trần Thị Phương Phương. Cô đã giới thiệu về sự giao lưu văn học giữa Việt Nam và phương Tây qua trường hợp truyện Nôm của thánh Jeronimo Maiorica, cũng là một ví dụ cho chúng ta thấy sự giao lưu và tiến trình phát triển giữa hai nền văn hoá khác biệt. Sau đó, đoàn đã cùng với các thầy cô và sinh viên của khoa đến tham quan Hội quán Minh Hương Gia Thạnh, rồi đến Hội quán Tuệ Thành học cách thác dập văn bia dưới sự hướng dẫn của PGS. TS. Lê Quang Trường.

Ngày 9 tháng 5, cả đoàn tập trung làm báo cáo chuyên đề sau 4 ngày tham quan, điều tra điền dã văn hoá người Hoa địa phương. Buổi chiều, chúng tôi đã tiến hành báo cáo tại văn phòng Khoa Văn học với 3 báo cáo của 3 nhóm và 1 báo cáo của PGS. TS. La Cảnh Văn. Sau khi buổi báo cáo kết thúc, PGS. TS. Lê Quang Trường đã dẫn cả đoàn tham quan phòng Sưu tầm và Nghiên cứu Tư liệu Hán Nôm của khoa, và nghe thầy chia sẻ về các kỷ niệm trong quá trình đi điền dã, sưu tập, nghiên cứu tư liệu Hán Nôm.

Sau đó, đoàn đã đến tham quan, giao lưu với khoa Việt Nam học,

ĐH KHXH&NV TP.HCM, dưới sự hướng dẫn của Trưởng Khoa – PGS. TS. Đoàn Lê Giang, qua đó được biết khoa là đơn vị trọng điểm trong công tác đào tạo tiếng Việt cho người nước ngoài khu vực phía Nam. Tiếp đó, đoàn đã đi xem múa rối nước – một di sản văn hoá của Việt Nam.

Vào buổi sáng ngày cuối cùng, các thành viên có thời gian đi tham quan các địa điểm văn hoá khác, như Dinh Độc lập, Bảo tàng Chứng tích Chiến tranh, Bảo tàng Mỹ thuật,… Buổi chiều, cả đoàn lên máy bay về Đài Loan, kết thúc chuyến giao lưu, học tập, khảo sát đầy ý nghĩa, và đạt được nhiều thành quả.

III. Cảm nhận về hoạt động lần này

Qua gần một tuần làm việc và giao lưu, các thành viên đều cảm thấy đây là một chuyến học tập, khảo sát thành công và đầy kỷ niệm. Các nhóm, thông qua bài báo cáo của mình, đã thể hiện được rằng: mỗi con người đến từ các nền văn hoá khác nhau, cần học cách mở lòng và chân thành đối đãi, tích cực tìm hiểu, lắng nghe nhau, từ đó mới có thể đồng cảm và thực tâm tôn trọng, yêu quý lẫn nhau. Hơn nữa, quá trình giao lưu, học hỏi đã cho chúng tôi thấy được tầm quan trọng của việc kết hợp giảng dạy, học tập giữa nhiều địa điểm, nhiều nền văn hoá, vì chính qua đó mới thực sự thực hiện được mục đích xuyên văn hoá, thấu hiểu nhau của khoá học.

閩風拂過
課程相關報導與推廣活動

羅景文

　　「閩南民間文學與文化采風」課程自107-2學期開設以來，相關課程活動如專家講座、期末成果展，以及越南胡志明市華人文化工作坊，頗獲中山大學新聞中心與各方媒體報導，以下筆者將依107-2學期、108-2學期，以及越南胡志明市華人文化工作坊等三部分彙整相關媒體報導，提供網址出處與最後瀏覽日期，筆者均再次驗證各新聞訊息連結是否有效，然已有少數連結失效，筆者將加註說明。由於越方報導資料較少見，筆者將以越南胡志明市社會科學暨人文大學越南學系官網上之報導為例，來說明越方對此工作坊的支持與協助。

　　除了課程活動之外，中山大學文學院曾與駁二藝術特區攜手舉辦《沿岸‧地景》高教深耕成果展（展期為2019年11月11-16日，每日上午12:00至下午5:00，另有一場創思對談，時間為11月13日下午14:00）。此展集結了中山大學哲學所楊婉儀老師，中文系杜佳倫老師、羅景文老師、吳孟謙老師，劇藝系何怡璉老師、許仁豪老師等多位不同系所教師及課程，師生走入社區進行田野調查，以文字、影像及劇場展演呈現高雄的歷史脈動和普羅大眾的人生剪影，挖掘高雄這座城市不為人知的面向。《沿岸‧地景》展覽現場共分為四個展區，其中講述高雄陰廟故事的〈陰聲暗影〉展區，佈置陰廟模型和高雄陰廟地圖，同時設置平版電腦與有聲訪談來講述先民故事，以呈現「閩南民間文學與文化采風」課程成果，下文亦透過當時的展覽影像來記錄此一推廣活動。

一、107-2 學期活動成果相關報導

1. 中山大學社會實踐與發展研究中心：〈有求必應　許献平談有應公的前世今生〉，中山大學《中山新聞》，2019 年 7 月 1 日報導，網址：https://news.nsysu.edu.tw/p/404-1120-208167.php?Lang=zh-tw，最後讀取日期：2021 年 6 月 13 日。

2. 中山大學文學院：〈高雄陰廟信仰文化采風　陰聲暗影田調展成果〉，中山大學《中山新聞》，2019 年 8 月 1 日報導，網址：https://news.nsysu.edu.tw/p/404-1120-209911.php?Lang=zh-tw，最後讀取日期：2021 年 6 月 13 日。

二、107-2 學期越南胡志明市華人文化工作坊相關報導

1. 鍾燕雪：〈臺越神祇差異大　越南「月下老人」是一對〉，中山大學《中山新聞》，2019 年 5 月 17 日報導，網址：https://news.nsysu.edu.tw/p/16-1120-205371.php?Lang=zh-tw，最後讀取日期：2021 年 6 月 13 日。

    臉書版網址：https://www.facebook.com/watch/?t=8&v=465868240621102，2019 年 5 月 15 日報導，最後讀取日期：2021 年 6 月 13 日。

2. 鍾燕雪：〈中山「文化探險隊」！　師生赴越南文化交流與田野調查〉，中山大學《中山新聞》，2019 年 5 月 29 日報導，網址：https://news.nsysu.edu.tw/p/404-1120-206444.php?Lang=zh-tw，最後讀取日期：2021 年 6 月 13 日。

    臉書版網址：https://www.facebook.com/www.nsysu.edu.tw/

videos/2298774363710520/，2019 年 5 月 28 日報導，最後讀取
日期：2021 年 6 月 13 日。

3. 【越南校方新聞】"Khoa Văn hóa học tổ chức buổi trao đổi học
thuật với Đoàn giảng viên sinh viên trường Đại học Trung Sơn,
Đài Loan"（〈文化學系與臺灣中山大學學生代表團舉行學術
交流會〉），胡志明市社會科學暨人文大學文化學系網頁，
2019 年 5 月 31 日報導，網址：https://vanhoahoc.hcmussh.
edu.vn/?ArticleId=b7a8714f-8373-47b4-87f5-c63866bd84ca&fbcl
id=IwAR2zf9ZEYj4I4coOOQvak3kTkrqzgin8fhmEGqQ2Fukuuo
5R7HpXPHYK1qs，最後讀取日期：2021 年 6 月 13 日。

4. 【越南校方新聞】"Đoàn giảng viên và sinh viên ĐH Trung
Sơn (Đài Loan) thăm Khoa Việt Nam học"（〈臺灣中山大學師
生訪問越南學系〉），胡志明市社會科學暨人文大學越南學
系網頁，2019 年 5 月 31 日報導，網址：http://www.vns.edu.
vn/index.php/vi/tin-tuc/1143-doan-giang-vien-va-sinh-vien-
dh-trung-son-dai-loan-tham-khoa-viet-nam-hoc?fbclid=IwAR
3SbFWucWubdEH5wRDhXVsCCbQsgv6A8lA6AmmQho10ow
xH1Et76vXcZ_8，最後讀取日期：2021 年 6 月 13 日。

三、108-2 學期活動成果相關報導

1. 中山大學中文系：〈陰廟不「陰」　中山大學師生創陰廟桌遊
RPG〉，中山大學《中山新聞》，2019 年 7 月 8 日報導，網址：
https://news.nsysu.edu.tw/p/406-1120-237656,r2910.php?Lang=
zh-tw，最後讀取日期：2021 年 6 月 14 日。

Tin tức

Đoàn giảng viên và sinh viên ĐH Trung Sơn (Đài Loan) thăm Khoa Việt Nam học

Tin tức (/index.php/vi/tin-tuc) — 31 Tháng 5 2019 — Lượt xem: 1192

Ngày 10 tháng 5, Khoa Việt Nam học tiếp đón đoàn giảng viên và sinh viên Đại học Trung Sơn (Đài Loan) do PGS.TS. La Cảnh Văn/ Lou Chingwen đến thăm Khoa.

Đón đoàn có PGS.TS. Lê Giang, Trưởng Khoa Việt Nam học, TS. Trần Thị Mai Nhân và TS. Nguyễn Thị Thanh Hà, Phó Trưởng Khoa.

Phát biểu tại lễ đón, PGS. TS. Lê Giang, Trưởng Khoa VNH chào mừng đoàn GV và SV ĐH Trung Sơn đến thăm Khoa và hy vọng sắp tới hai bên sẽ sớm mở rộng quan hệ hợp tác trong việc trao đổi sinh viên theo hệ liên kết và hệ đào tạo ngắn hạn. Trưởng Khoa VNH cũng dành nhiều thời gian giới thiệu về chương trình Đào tạo, cơ sở vật chất, đặc biệt là chương trình cao học ngành Việt Nam học. Các sinh viên Đại học Trung Sơn khá quan tâm sau đến các khóa tiếng Việt và cao học Việt Nam học của Khoa.

Buổi lễ diễn ra với bầu không khí thân mật khi PGS.TS La Cảnh Văn phát biểu bằng tiếng Việt nhắc lại những kỉ niệm khó quên khi được học tiếng Việt tại Khoa Việt Nam học và được PGS.TS.Lê Giang giúp đỡ trong nghiên cứu. PGS.TS La Cảnh Văn bày tỏ tin tưởng giữa hai trường và khoa sẽ sớm có những hoạt động hợp tác cụ thể.

Sau lễ bế giảng Đoàn tham quan văn phòng Khoa Việt Nam học và một số cơ sở vật chất của Khoa và Trường.

Một số hình ảnh tại buổi lễ:

(Tin và ảnh Quốc Việt)

圖249-250 胡志明市社會科學暨人文大學越南學系網頁報導內容截圖

2.　徐如宜：〈「陰廟其實並不陰！」　中山大學師生桌遊認識陰廟〉，《聯合報》，2019 年 7 月 8 日報導，網址：https://udn.

com/news/story/6928/4686745、https://udn.com/news/story/
7322/4687 915，最後讀取日期：2021 年 6 月 14 日。

3. 王淑芬：〈陰廟不陰　中山大學師生田野調查創桌遊顛覆印
   象〉，《中央社》(《芊傳媒》轉載)，2019 年 7 月 8 日報導，網
   址：https://www.cna.com.tw/news/ahel/202007080204.aspx，最
   後讀取日期：2021 年 6 月 14 日。

4. 簡若羽：〈走訪 190 間陰廟　大學生創這款桌遊：身歷其境〉，
   《三立新聞網》，2019 年 7 月 8 日報導，網址：https://www.setn.
   com/News.aspx?NewsID=775860，最後讀取日期：2021 年 6
   月 14 日。

5. 何弘斌：〈陰廟不「陰」　中山大學師生設計陰廟桌遊〉，《台
   灣新生報》(《Yahoo 新聞》轉載)，2019 年 7 月 8 日報導，
   網址：https://tw.news.yahoo.com/%E9%99%B0%E5%BB%9F%
   E4%B8%8 D-%E9%99%B0-%E4%B8%AD%E5%B1%B1%E5%A
   4%A7%E5%AD%B8%E5%B8%AB%E7%94%9F%E8%A8%AD%
   E8%A8%88%E9%99%B0%E5%BB%9F%E6%A1%8C%E9%81%
   8A-060948016.html，最後讀取日期：2021 年 6 月 14 日。

6. 王雯玲：〈陰廟不「陰」　中山大學師生創陰廟桌遊 RPG〉，
   《台灣好報》，2019 年 7 月 8 日報導，網址：https://www.news
   taiwandigi.com/newspage.php?nnid=288932，最後讀取日期：
   2021 年 6 月 14 日。

7. 李祖東：〈陰廟不「陰」　中山大學師生創陰廟桌遊 RPG〉，
   《中華新報》，2019 年 7 月 8 日報導，網址：http://www.chnewstv.
   com/bbs/viewthread.php?tid=27093&extra=page%3D1&fromb
   bs=1，最後讀取日期：2021 年 6 月 14 日。

8. 編集中心：〈顛覆想像　中山大學師生創陰廟桌遊〉,《鋒面新聞》,2019 年 7 月 8 日報導,網址：https://www.cover.media/news/20200708/5969,最後讀取日期：2021 年 6 月 14 日。

9. 陳芝蓮：〈陰廟不陰　中山大學師生創陰廟桌遊 RPG〉,《亞太新聞網》,2019 年 7 月 8 日報導,網址：https://www.atanews.net/?news=69638,最後讀取日期：2021 年 6 月 14 日。

10. 不著撰者：〈陰廟不陰　大學生設計桌遊〉,《人間福報》,2019 年 7 月 9 日報導,網址：https://www.merit-times.com.tw/NewsPage.aspx?unid=590874,最後讀取日期：2021 年 6 月 14 日。

11. 不著撰者：〈陰廟不「陰」　中山大師生創陰廟桌遊〉,《台灣時報》,2019 年 7 月 9 日報導,網址：http://www.taiwantimes.com.tw/ncon.php?num=114756page=ncon.php,最後讀取日期：2021 年 6 月 14 日（目前連結已失效）。

12. 崔至雲：〈陰廟不陰　中山大學師生創桌遊 RPG 顛覆印象〉,《ETtoday 新聞雲》,2019 年 7 月 9 日報導,網址：https://www.ettoday.net/news/20200709/1756498.htm,最後讀取日期：2021 年 6 月 14 日。

13. 黃旭磊：〈探訪 190 間廟宇　中山大學師生製作「高市陰廟地圖」〉,《自由時報》,2019 年 7 月 13 日報導,網址：https://news.ltn.com.tw/news/life/breakingnews/3226517,最後讀取日期：2021 年 6 月 14 日。

14. 王正平：〈陰廟桌遊　中大師生搞創意〉,《中華日報》,2019 年 7 月 19 日報導,網址：https://www.cdns.com.tw/articles/223374,最後讀取日期：2021 年 6 月 14 日。

四、〈陰聲暗影〉：中山大學文學院《沿岸・地景》高教 深耕成果展

　　中山大學文學院舉辦《沿岸・地景》的展覽目的，一方面是聚攏文學院的課程成果，二方面是召喚、展現與觀看「高雄」此一海港城市的諸多複像。展區雖然不大，展出時間也不長，但策展團隊經過多次的討論，努力將想法落實，並延請設計者來佈展，讓空間有更妥善的規劃，也使抽象意念有具體形象，更有設計感和整體感。由於展覽空間有限，策展團隊在介紹文字、影像圖片、有聲訪談和故事講述、製作陰廟模型，以及地圖繪製等方面都頗費思量，希望能在有限的篇幅裡，給觀者較正確的訊息，也要避免對陰神陰廟不敬，所以下筆繪圖都特別小心。

　　為了讓參觀者盡可能感受到陰廟特色，我們嘗試在展區裡再現陰廟，陰廟模型由楊祥鞍、李杰恩製作。但我們在陰廟選擇和模型的製作上有不少要考量的因素：一是要思考陰廟本身是否有特色和故事性；二是陰廟建築是否具有典型陰廟特色，是否具有較為早期素樸的樣貌；三是要考量展區特性和設計者製作方式；四是陰神是否同意讓我們製作模型並展出。以上這些因素都會影響陰廟模型的製作方式。我們事先選擇五座陰廟，打算一間一間詢問神明意願。第一站是旗津區的水府進興公祠，我們在炎熱的午後抵達進興公祠，剛好遇到好幾位平時會在進興公廟埕泡茶的長輩，其中一位是管理人，向他們表明來意，他們客氣地說只要進興公同意、開心就好，他們樂觀其成。接下來，我們準備金紙（該廟沒有銀紙），點上清香祈求，

盡可能詳細地向進興公報告我們團隊的籌備工作，接著跋桮（puáh-pue）徵求進興公的同意，希望祂能答應我們的要求。如果時間會停止，大概就是雙手高舉筊桮落下那一刻，筆者緊張地閉上眼睛，然後在筊桮落下聲響那一刻，偷偷撐開眼縫，看到一正一反的筊桮，竟然下意識地振臂一呼，可見當時內心的喜悅。但要連續三次聖桮才是真的塵埃落定，真是既期待又怕受傷害，好在筆者最後順利擲出三次聖桮，旗津水府進興公同意參展。沒想到，我們竟然在第一座陰廟就圓滿完成任務，事後回想當下彷彿若有神助。

　　解決了陰廟模型問題，接著是處理展示背板的內容，在展板文字說明上，我們介紹了以下幾項：首先是說明陰廟的定義，陰廟是指祭祀無主骨骸與孤魂幽屬的廟宇，主要的型制為三片壁式的小祠小廟，民間多稱其為有應公廟、萬應公廟、萬姓公廟、百姓公廟、萬善爺廟等等名稱，學界亦有稱之為「無祀祠」。後來某些陰廟雖然轉升成為陽廟，但仍可以從某些跡象觀察出祂們有著陰神陰廟的過去，這類廟宇也是我們關注的對象。其次，介紹學界對於陰廟分類的方式，讓觀眾有基本的了解。再次，解說陰廟神格化或是神格提升的現象，例如有十二項可綜合判斷陰廟神格提高的指標。第四，是概要介紹高雄陰廟特色，如高雄多河海地形，水流公（媽）較多，常出現於沿海地區，尤以旗津地區最多。二是受城市產業影響，多因公安或交通意外死亡者，如旗津區的勞動女性紀念園區（原名「二十五淑女墓」），即是民國62年（1973）9月3日早上的交通船翻覆意外。又如鼓山聖公媽廟所祭陰神，即死於日治時期的營造廠意外。三是開發較早，多因民變事件、族群衝突而死難之陰神，

此以現今鳳山、旗山、田寮、燕巢地區為多。

在展板圖像上，我們透過 QGIS 軟體繪製了高雄陰廟地圖，分為全區地圖與局部地圖兩種。筆者曾依據自身及團隊探訪陰廟的結果，以及相關文史報導、學術研究成果、臉書社團分享、師友的告知，並透過 Google Earth & Map 的空照圖和街景圖，來確認或尋找陰廟的位置，若有存疑待查者則透過實地訪查來確定地點和陰廟的狀況，展覽當時所記錄的陰廟（含轉型）約有 193 座，如下圖 251 所示。局部地圖則以舊高雄市區和臨海區域為主，並註明此次展覽所介紹六座廟宇的位置。這六座廟宇分別為林園區萬善宮、前鎮區明正堂、苓雅區聖公媽廟、鼓山區龍聖宮黃正公祠、旗津區水府進興公祠、鳳山區（原紅毛港）保安堂，如下圖 252 所示。為了增進參觀者對這六座廟宇的了解，我們特別介紹這六座廟宇的沿革與發展概況，並就廟貌、廟內正殿情形、供奉形態（神像、神位）等三方面拍照記錄供參觀者參考，參觀者可以透過展場平板電腦觀看相關圖像。

除了文字、圖像之外，策展團隊還嘗試提供有聲訪談資料，讓入場者參觀之餘，還能聽到故事講述，能有不同於文字及圖像的感受。考量到觀眾的接受程度，我們從有聲訪談裡選取各廟二到三分鐘較為完整且精彩的片段，來介紹這六座廟宇及神明的故事，邀請各廟宇的執事人員來講述故事，但其中有兩座廟宇不便受訪，則由團隊助理代為講述。這六座廟宇及講述者分別為林園萬善宮由盧仕融講述、前鎮區明正堂由王正豪總幹事講述、苓雅聖公媽廟由李文振主委和呂建利常委講述、鼓山區龍聖宮黃正公祠由黃清霖主委講述、旗津區水府進興公祠由周家豪講述、鳳山（原紅毛港）保安堂由張吉雄主委講述。

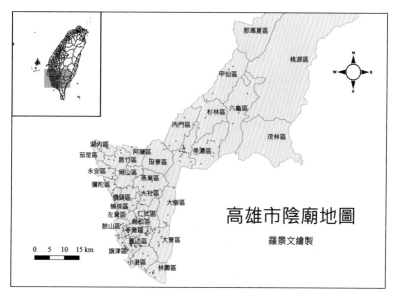

圖251 高雄市陰廟地圖（2019年11月繪製）

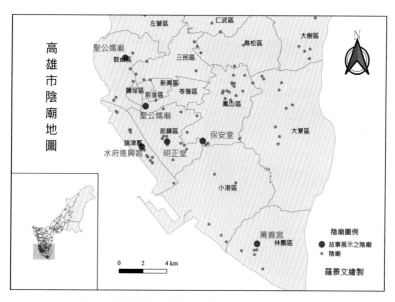

圖252 高雄市陰廟地圖局部版（2019年11月繪製）

圖253　《沿岸・地景》展覽海報

圖254　策展團隊至旗津水府進興公祠
參拜

圖255　水府進興公祠模型及籤筒

圖256　觀眾聆聽陰廟有聲訪談內容

圖 257-258　策展團隊布置會場及陰廟模型

圖 259　《沿岸‧地景》眾人合影　　圖 260　《沿岸‧地景》創思對話眾人合影

圖 261　水府進興公祠模型正面照　　圖 262　水府進興公祠模型內部照

　　為增加與觀展民眾的互動，我們特別製作「陰聲暗影 QA」籤筒，內有六支籤，籤上寫有關於陰廟陰神相關問題，例如「什麼是姑娘廟？祂算是陰廟嗎？」「有沒有外國人陰神陰廟？」「陰廟廟額上的玉旨、玉敕是什麼意思？」「城隍廟算不算陰

廟？」「清代和日治時期以來的有應公廟差別？」「港都陰廟的主要特色為何？」每日前二十名進行「陰聲暗影QA」的參觀者，都能獲得高雄苓雅聖公媽廟所贊助的聖桮橡皮擦文創小物。透過以上的展覽設計，一方面能記錄我們執行課程的成果，另一方面希望能增進民眾對於陰廟陰神的認識和理解，能敞開胸懷去面對這群開墾土地的可敬先民，那麼陰廟也不再是那麼陰森恐怖的存在。不僅能記錄在地神明的歷史，更能進行創新活化，以多樣的形式回饋給地方。

終章
在他們的故事中找到前行的力量

羅景文

　　陰廟的存在常讓人感到恐懼與困惑，筆者小時常聽長輩們說「路旁的小廟不要靠近、不要拜」，當時的小小心靈甚感不解，後來才知道祂們多被視為非正常死亡、枯骨、孤魂野鬼等等負面能量的集合體。而各式媒體和網路的大量傳播，更讓這種恐懼加速蔓延，不斷勾起人們內心對未知事物的害怕。正因為我們未見、不見，或不想見，陰廟與陰神信仰始終蒙上一層神秘可怕的面紗，所謂的恐懼其實是來自於我們對祂們的陌生和忽視。認識，往往是理解與和解的開始，中山大學師生透過「閩南民間文學與文化采風」課程，一步步認識這片土地上可敬的先民，尋找祂們的故事，探討祂們的生命與高雄的自然環境、城市特質、歷史發展、族群互動、產業變遷一同共構而出的豐富面貌。這是一趟追尋的旅程，我們將這兩年追尋的成果化為這本《閩風拂斜灣，青衿覓陰光——高雄陰廟采風錄》，希望能多角度地展現陰廟信仰的特色與多元性，也希望能化解人們心中對於陰廟陰神的不解與不安。以下總結本書各篇內容與重點，以及未來的期許。

　　本書可分為三大部分，第一部分為本書之「序曲」，說明「閩南民間文學與文化采風」課程以「陰廟」為主題的動機和執行方法，並介紹這門課程之相關活動及成果。本課程邀請常年調查有應公廟的專家許獻平老師現身說法，分享他研究有應公信仰的豐富經驗，以及運用有應公信仰素材來創作文學小說的心路歷程，這些寶貴經驗可以作為學生進行文創專題構想時的重要參照。除了邀請專家之外，筆者也帶領學生一同進入田調場域，親自示範調查時的要點，以及與廟方執事人員應對的技巧，希望能讓學生更順利地進行田野調查。學生在歷經三週以

上的田野調查與數次調整，於期末成果發表會提出專題報告，說明他們所記錄的陰廟傳說故事和祭祀狀態，和他們對地方文化和族群互動的理解。在記錄和分析陰廟信仰樣態這一類專題成果之外，另有一類是在田野調查的基礎上，運用陰廟元素進行文創表現。這些專題報告在期末成果發表會之後歷經多次修訂，收錄於本書第二部分。

　　本書第二部分共收錄十一篇專題報告。第一篇〈被水吞噬的名字：以紅毛港、旗津兩地討海人供奉的枯骨為例〉為讀者介紹紅毛港、旗津漁民所奉祀的陰廟如紅毛港保安堂與聖堂廟（均已遷至鳳山）、旗津水府進興公祠的信仰狀態，學生也觀察到漁民與陰神具有人情味的互動。第二篇〈近代成神：陰神神格轉化抬升的歷程〉則藉由前鎮明正堂和慈正宮、旗津的慈賢宮，來觀察陰廟轉升陽廟的契機，以及神明「保舉」在其間所發揮的作用。第三篇〈不起眼的鄰居：二位元帥、萬應公、蔡應公的故事〉則是從我們時常忽視陰廟的角度出發，來觀察鼓山哨船頭二位元帥祠、旗津大汕頭萬應公祠與蔡應公祠等陰廟在當地居民眼中的定位。第四篇〈良善與正義的靈魂：高雄陰廟初探〉則在討論鼓山哨船頭十八王公廟與龍聖宮黃正公、前鎮慈善宮與量嬸婆祠的信仰狀態之後，改變了學生對於陰廟的看法，「因為祂們，即是我們」。第五篇〈沙洲孤神，落葉歸根：旗津萬應公祖、八德公、水三娘的故事〉觀察到陰神故事不斷消逝的狀態，需要積極地保存這些故事，同時也翻轉了學生先前對於陰廟的恐懼。第六篇〈不斷消逝的歷史：我與陰廟的超時空對話〉探訪鼓山聖公媽廟、旗津三聖公廟與綠公祠，祂們的故事與高雄都市化歷程或工業發展有關，卻面臨逐漸消失的命運。第七篇〈祢是誰：

從祭祀對象討論陰廟香火現況〉介紹林園北極殿靈聖堂、紅毛港正軍堂（已遷至鳳山）、哨船頭萬應公廟等三間廟宇的信仰現況，比較成神原因與信仰模式上的差異。第八篇〈逸聞與歷史的協奏：探討埤帝公與王曾公的沿革與信仰現況〉以田野調查作為基礎，再運用 Instagram 平台，以圖文式角色扮演遊戲呈現鳳山王曾公廟及鳳邑埤帝公的故事。第九篇〈落日餘暉：高雄終戰前後將士成神信仰及影像記錄〉則是運用影像和文字來記錄終戰前後，因戰爭而犧牲之英雄們的生命故事。第十篇〈繪聲繪影：你不可不知的將軍廟宇故事〉則以繪本風格來呈現鳳山保安堂、鳥松大將廟、仁武西安堂等三間與軍武神有關廟宇的故事。第十一篇〈共同的記憶：男女孤魂共有的記憶儲庫〉則讓玩家化身為桌遊中的田野調查者，在逐一解決田調冒險各種突發的狀況中，了解高雄地區陰廟故事和信仰文化。我們可以看到學生透過不同的觀點和呈現的方式，來表達他們對於陰廟陰神信仰的理解，並透過多元豐富的文化轉譯形式，展現陰廟信仰的各種可能性。

　　本書第三部分則介紹107-2 學期本課程師生一同前往胡志明市，與胡志明市國家大學下屬社會科學暨人文大學一同進行華人文化教學合作的記錄，以及師生依據當時田野調查所得而提出的專題報告。同時，也收錄了各方媒體對於「閩南民間文學與文化采風」課程活動的相關報導。而我們也透過《沿岸·地景》展覽中的〈陰聲暗影〉展區，來介紹高雄陰廟的樣貌。為了能在有限的空間裡，傳遞較為正確的訊息，並避免對陰神陰廟不敬，所以策展團隊在文字描述、選用影像、有聲訪談、製作陰廟模型，以及地圖繪製上都再三斟酌，可見團隊在介紹及推廣

高雄陰廟信仰的努力和使命感。本書記錄了〈陰聲暗影〉製作團隊的策展理念，以及在策展時所考量的細節與心路歷程。

　　理解與和解，需要從認識開始。我們透過一連串的嘗試，從概念說明、專家演講、教師示範，到實際的田野活動、專題成果報告，再到舉辦陰廟展覽等推廣活動，逐步認識高雄陰廟信仰的面貌，改變了我們對祂們的偏見，理解祂們存在的意義，這也是許多學生在課後給予筆者最為寶貴的體會。這樣的體驗不僅感動了臺灣本地的同學，也打動了來自香港的交換生黃斐，她提到：「很高興能修到這門課，可以對臺灣文化有更深入的認識，尤其是對陰廟的認識。起初我跟香港的朋友們說，我要去修陰廟的課，他們一聽到名字都很害怕，但現在我可以跟他們介紹這是臺灣的一種文化，不需要心存恐懼，而是應心存敬畏！」陰廟信仰可說是認識臺灣文化的重要窗口之一。

　　這些陰廟所保留的死難記憶與靈驗事蹟，正與高雄城市發展、變遷和轉型的軌跡密切相關，成為豐富這座城市的重要地景和信仰面貌。當我們對於這群死難的先民有更多認識和理解，我們便能知道祂們的死難是歷史的過往，正銘刻著這座城市、這片土地、這些族群的創傷記憶，我們也才能釋放對於祂們的恐懼，讓死者安息，而生者能在祂們的故事中找到撫慰和繼續前行的力量。筆者期待未來有更多民眾一同關注和投入，一同來回顧這片土地上之先民的生命過往與歷史記憶。

引用書目

一、專書

Lovecraft Howard Phillips. *Supernatural horror in literature* New York, Dover
Publications, 1973.

孔穎達：《春秋左傳正義》，臺北：藝文印書館，2001年。

伊能嘉矩著，臺灣文獻委員會編譯：《臺灣文化志》，南投：臺灣省文獻委員
會，1985年。

朱秀芳：《戀戀紅毛港──寺廟建築與信仰》，高雄：高雄市政府文化局，
2008年。

李豐楙、賴政育、葉亭妤：《鬼府神宮──基隆市陰廟調查》，基隆：基隆市
立文化中心，2000年。

沈英章等纂修：《仁武鄉志》，高雄：高雄縣仁武鄉公所，2009年12月。

許献平：《七股鄉有應公廟採訪錄》，臺南：鹽鄉文史工作室，2004年。

───：《佳里鎮有應公廟採訪錄》，臺南：臺南縣政府，2006年。

───：《將軍鄉有應公廟採訪錄》，臺南：臺南縣政府，2006年。

───：《學甲鎮有應公廟採訪錄》，臺南：臺南縣政府，2006年。

───：《臺南市鹽分地帶有應公信仰研究》，臺南：鹽鄉文史工作室，2012
年。

───：《臺南市北門區有應公廟採訪錄》，臺南：鹽鄉文史工作室，2013
年。

───：《臺南市西港區有應公廟採訪錄》，臺南：鹽鄉文史工作室，2018
年。

───：《臺南市關廟區有應公廟採訪錄》，臺南：鹽鄉文史工作室，2019
年。

───：《臺南市歸仁區有應公廟採訪錄》，臺南：鹽鄉文史工作室，2022
年。

郭吉清、廖德宗：《左營二戰祕史──震洋特攻隊駐臺始末》，高雄：高雄市

政府文化局，2018 年。

黃文博：《臺灣冥魂傳奇》，臺北：臺原出版社，1992 。

黃有興、高明宗：《澎湖廟在高雄市》，澎湖：澎湖縣政府，2005 年。

羅景文：《高雄大社青雲宮神農信仰文化誌》，高雄：財團法人高雄市大社區
　　青雲宮、國立中山大學，2018 年 6 月。

二、期刊及專書論文

白于均、吳蕙如、洪宜婷、張仁瑋、謝珮慈、蘇筠芷、釋心諦：〈漢人宗教
　　場域中的女性與靈力：以旗津二十五姊妹與女性靈媒為例〉，收入趙恩潔
　　主編：《看見旗津：大學生社會調查實錄》，高雄：國立中山大學社會學
　　系，2018 年 9 月，頁 10-45。

許献平：〈臺南縣北門區「有應公」的分類研究〉，《南瀛文獻》第 7 期，2008
　　年 11 月，頁 94-125。

———：〈臺南縣北門區「有應公廟」的主祀神明之研究〉，《南瀛文獻》第 9
　　期，2010 年 10 月，頁 160-193。

———：〈重返南科 13 座有應公廟歷史現場〉，《臺南文獻》創刊號，2012 年 7
　　月，頁 117-129。

———：〈南鯤鯓萬善爺囝仔公的神格淺探〉，《臺南文獻》第 7 輯，2015 年 7
　　月，頁 28-47。

———：〈關廟有應公信仰及其特色〉，《臺南文獻》第 14 輯，2018 年 10 月，
　　頁 180-203。

陳緯華：〈孤魂的在地化：有應公廟與臺灣社會地緣意識之轉變〉，《民俗曲
　　藝》第 183 期，2014 年 3 月，頁 1-86。

三、學位論文

王朝賜：《新化地區陰廟鬼神崇拜研究》，臺南：臺南大學臺灣文化研究所教
　　學碩士班碩士論文，2005 年。

莊仁誠：《旗津區廣濟宮之地方感建構》，高雄：國立高雄師範大學臺灣歷史
　　文化及語言研究所碩士論文，2013 年。

辜秋萍：《基隆市陰廟神格化現象之研究——以八斗子地區為例》，雲林：國
　　立雲林科技大學文化資產維護系碩士班碩士論文，2006 年。

閻維彪：《臺灣漢人民間信仰的「臺灣神」之研究》，臺北：臺北大學民俗藝術研究所碩士論文，2006 年。

蘇俐瑩：《旗津居民地方認同之研究》，臺中：國立臺中教育大學社會科教育研究所碩士論文，2010 年。

四、碑記

北極殿靈聖堂管理委員會：〈北極殿靈聖堂沿革碑記〉，2017 年 7 月。

孫松榮：〈苓雅寮萬應公廟碑記〉，2000 年 6 月 20 日。

陳玉城記載、蕭清年題：明正堂〈文海小城隍沿革碑記〉，未署時間，約 1993 年。

鳥松大將廟：〈大將廟沿革記〉，1990 年 9 月 25 日。

鳳山紅毛港保安堂：〈保安堂廟始沿革碑記〉，2013 年。

蕭清年：〈慈正宮沿革碑記〉，1995 年 1 月。

五、網頁資料

〈天兵忠靈祠〉，《維基百科》，網址：https://zh.wikipedia.org/wiki/%E5%A4%A9%E5%85%B5%E5%BF%A0%E9%9D%88%E7%A5%A0，最後讀取日期：2020 年 5 月 28 日。

〈紅毛港保安堂〉，《維基百科》，網址：https://zh.wikipedia.org/wiki/%E9%B3%B3%E5%B1%B1%E7%B4%85%E6%AF%9B%E6%B8%AF%E4%BF%9D%E5%AE%89%E5%A0%82，最後讀取日期：2019 年 9 月 12 日。

〈旗津區〉，《維基百科》，網址：https://reurl.cc/nVV3bX，最後讀取日期：2019 年 9 月 4 日。

【越南校方新聞】"Đoàn giảng viên và sinh viên ĐH Trung Sơn (Đài Loan) thăm Khoa Việt Nam học"（〈臺灣中山大學師生訪問越南學系〉），胡志明市社會科學暨人文大學越南學系網頁，2019 年 5 月 31 日報導，網址：http://www.vns.edu.vn/index.php/vi/tin-tuc/1143-doan-giang-vien-va-sinh-vien-dh-trung-son-dai-loan-tham-khoa-viet-nam-hoc?fbclid=IwAR3SbFWucWubdEH5wRDhXVsCCbQsgv6A8lA6AmmQho10owxH1Et76vXcZ_8，最後讀取日期：2021 年 6 月 13 日。

【越南校方新聞】"Khoa Văn hóa học tổ chức buổi trao đổi học thuật với Đoàn giàng viên sinh viên trường Đại học Trung Sơn, Đài Loan"（〈文化學系與臺灣中山大學學生代表團舉行學術交流會〉），胡志明市社會科學暨人文大學文化學系網頁，2019 年 5 月 31 日報導，網址：https://vanhoahoc. hcmussh.edu.vn/?ArticleId=b7a8714f-8373-47b4-87f5-c63866bd84ca&fbclid= IwAR2zf9ZEYj4I4coOOQvak3kTkrqzgin8fhmEGqQ2Fukuuo5R7HpXPHYK1 qs，最後讀取日期：2021 年 6 月 13 日。

中山大學中文系：〈陰廟不「陰」 中山大學師生創陰廟桌遊RPG〉，中山大學《中山新聞》，2019 年 7 月 8 日報導，網址：https://news.nsysu.edu.tw/p/406-1120-2376 56,r2910.php?Lang=zh-tw，最後讀取日期：2021 年 6 月 14 日。

不著撰者：〈陰廟不陰 大學生設計桌遊〉，《人間福報》，2019 年 7 月 9 日報導，網址：https://www.merit-times.com.tw/NewsPage.aspx?unid=590874，最後讀取日期：2021 年 6 月 14 日。

不著撰者：〈陰廟不「陰」 中山大師生創陰廟桌遊〉，《台灣時報》，2019 年 7 月 9 日報導，網址：http://www.taiwantimes.com.tw/ncon.php?num=114756 page=ncon.php，最後讀取日期：2021 年 6 月 14 日（目前連結已失效）。

中山大學文學院：〈高雄陰廟信仰文化采風 陰聲暗影田調展成果〉，中山大學《中山新聞》，2019 年 8 月 1 日報導，網址：https://news.nsysu.edu.tw/p/404-1120-209911.php?Lang=zh-tw，最後讀取日期：2021 年 6 月 13 日。

中山大學社會實踐與發展研究中心：〈有求必應 許献平談有應公的前世今生〉，中山大學《中山新聞》，2019 年 7 月 1 日報導，網址：https://news.nsysu.edu. tw/p/404-1120-208167.php?Lang=zh-tw，最後讀取日期：2021 年 6 月 13 日。

王正平：〈陰廟桌遊 中大師生搞創意〉，《中華日報》，2019 年 7 月 19 日報導，網址：https://www.cdns.com.tw/articles/223374，最後讀取日期：2021 年 6 月 14 日。

王淑芬：〈陰廟不陰 中山大學師生田野調查創桌遊顛覆印象〉，《中央社》（《芋傳媒》轉載），2019 年 7 月 8 日報導，網址：https://www.cna.com.tw/news/ ahel/202007080204.aspx，最後讀取日期：2021 年 6 月 14 日。

王雯玲：〈陰廟不「陰」 中山大學師生創陰廟桌遊RPG〉，《台灣好報》，2019 年 7 月 8 日報導，網址：https://www.newstaiwandigi.com/newspage.php? nnid=288932，最後讀取日期：2021 年 6 月 14 日。

何弘斌：〈陰廟不「陰」 中山大學師生設計陰廟桌遊〉，《台灣新生報》（《Yahoo

新聞》轉載），2019 年 7 月 8 日報導，網址：https://tw.news.yahoo.com/
%E9%99 %B0%E5%BB%9F%E4%B8%8D-%E9%99%B0-%E4%B8%AD%
E5%B1%B1%E5%A4%A7%E5%AD%B8%E5%B8%AB%E7%94%9F%E8%
A8%AD%E8%A8%88%E9%99%B0%E5%BB%9F%E6%A1%8C%E9%81%
8A-060948016.html，最後讀取日期：2021 年 6 月 14 日。

李祖東：〈陰廟不「陰」 中山大學師生創陰廟桌遊 RPG〉，《中華新報》，2019
年 7 月 8 日報導，網址：http://www.chnewstv.com/bbs/viewthread.php?tid=
27093&extra=page%3D1&frombbs=1，最後讀取日期：2021 年 6 月 14 日。

前鎮沙仔地明正堂官方臉書網站，網址：https://www.facebook.com/weihai
0920，最後讀取日期：2019 年 5 月 23 日。

哈瑪星清雲宮官方臉書網站，網址：https://www.facebook.com/43911708628
7672/photos/pcb.724930421039669/724930344373010/?type=3&theater，最
後讀取日期：2019 年 6 月 12 日。

洪定宏：〈紅毛港保安堂奉祀日本軍艦 高雄港辦海上召靈法會〉，《自由時報》
「高雄報導」，2018 年 9 月 15 日發表，網址：https://news.ltn.com.tw/news/
life/breakingnews/2552140，最後讀取日期：2019 年 9 月 15 日。

紅毛港保安堂：〈保安堂簡介〉，「紅毛港保安堂物語－官方網／高雄‧鳳山」，
2019 年 8 月 6 日發表。網址：https://taiwannippon.org/?attachment_id=
221，最後讀取日期：2019 年 12 月 27 日。

徐如宜：〈「陰廟其實並不陰！」 中山大學師生桌遊認識陰廟〉，《聯合報》，
2019 年 7 月 8 日報導，網址：https://udn.com/news/story/6928/4686745、https://
udn.com/news/story/7322/4687915，最後讀取日期：2021 年 6 月 14 日。

崔至雲：〈陰廟不陰 中山大學師生創桌遊 RPG 顛覆印象〉，《ETtoday 新聞
雲》，2019 年 7 月 9 日報導，網址：https://www.ettoday.net/news/20200709
/1756498.htm，最後讀取日期：2021 年 6 月 14 日。

郭吉清、廖德宗：〈【書摘】左營二戰祕史——震洋特攻隊駐臺始末〉，《想想
論壇》，2018 年 8 月 29 日發表，網址：https://www.thinkingtaiwan.com/
content/7151，最後讀取日期：2020 年 5 月 26 日。

————————〈防空洞「不得據為己有」——自助新村眷戶的生活回
憶〉，《The News Lens》，2018 年 9 月 23 日發表，網址：https://www.
thenewslens.com/article/104270，最後讀取日期：2020 年 5 月 26 日。

陳芝蓮：〈陰廟不陰　中山大學師生創陰廟桌遊RPG〉，《亞太新聞網》，2019
　　年7月8日報導，網址：https://www.atanews.net/?news=69638，最後讀取
　　日期：2021年6月14日。

黃旭磊：〈探訪190間廟宇　中山大學師生製作「高市陰廟地圖」〉，《自由時
　　報》，2019年7月13日報導，網址：https://news.ltn.com.tw/news/life/
　　breakingnews/3226517，最後讀取日期：2021年6月14日。

廖德宗：〈探尋哨船頭二位元帥廟的身分〉，「高雄老屋集」臉書社團，網址：
　　https://www.facebook.com/groups/1424087277811220/permalink/334816
　　1052070490/，最後讀取日期：2022年2月6日。

旗津區公所〈歷史沿革〉，旗津區公所網站，網址：https://cijin.kcg.gov.tw/
　　Cijin/History.php，最後讀取日期：2019年9月4日。

臺灣百年歷史地圖，網址：http://gissrv4.sinica.edu.tw/gis/kaohsiung.aspx，最
　　後讀取日期：2020年5月26日。

編集中心：〈顛覆想像　中山大學師生創陰廟桌遊〉，《鋒面新聞》，2019年7月
　　8日報導，網址：https://www.cover.media/news/20200708/5969，最後讀取
　　日期：2021年6月14日。

闔山道法科儀觀念部落格，網址：https://blog.xuite.net/l1222061930/twblog/
　　133129315-%E5%9B%9E%E8%A6%86，最後讀取日期：2019年6月10日。

鍾燕雪：〈中山「文化探險隊」！師生赴越南文化交流與田野調查〉，中山大
　　學《中山新聞》，2019年5月29日報導，網址：https://news.nsysu.edu.tw/
　　p/404-1120 -206444.php?Lang=zh-tw，最後讀取日期：2021年6月13日。
　　臉書版網址：https://www.facebook.com/www.nsysu.edu.tw/videos/2298774
　　363710520/，2019年5月28日報導，最後讀取日期：2021年6月13日。

鍾燕雪：〈臺越神祇差異大　越南「月下老人」是一對〉，中山大學《中山新
　　聞》，2019年5月17日報導，網址：https://news.nsysu.edu.tw/p/16-1120-
　　205371.php ?Lang=zh-tw，最後讀取日期：2021年6月13日。
　　臉書版網址：https://www.facebook.com/watch/?t=8&v=465868240621102，
　　2019年5月15日報導，最後讀取日期：2021年6月13日。

簡若羽：〈走訪190間陰廟　大學生創這款桌遊：身歷其境〉，《三立新聞網》，
　　2019年7月8日報導，網址：https://www.setn.com/News.aspx?NewsID=
　　775860，最後讀取日期：2021年6月14日。

國家圖書館出版品預行編目（CIP）資料

闔風拂斜灣，青衿覓陰光：高雄陰廟采風錄/羅景文,
國立中山大學「閩南民間文學與文化采風」課程107學
年度第2學期及108學年度第2學期修課學生合著. --
初版. -- 高雄市：國立中山大學校友服務暨社會責任中
心、國立中山大學文學院, 2023.10
236 面；14.8 x 21 公分
ISBN 978-957-9014-93-9（平裝）

1.CST: 寺廟 2.CST: 民間信仰 3.CST: 文集 4.CST: 高雄市

272.097   112015019

闔風拂斜灣，青衿覓陰光
高雄陰廟采風錄

主編	羅景文
助理編輯	高偉哲、鍾燕雪、陳琪璇
作者群	羅景文、 國立中山大學「閩南民間文學與文化采風」課程 107 學年度第 2 學期及 108 學年度第 2 學期修課學生
審查者	黃文車、許獻平
校對者	羅景文、高偉哲、郭映容
出版者	國立中山大學校友服務暨社會責任中心、國立中山大學文學院
地址	804 高雄市鼓山區蓮海路 70 號
電話	(07)525-2000 轉 5845、3081
美術編輯	仲雅筠
印刷	美圖印刷設計有限公司
定價	320 元
初版一刷	2023 年 10 月
ISBN	978-957-9014-93-9